포스트코로나19시대

교회의 새로운 핵심 가치 만들기

뉴노멀

A NewNormal

Creating Understood Value for a Revitalized Church

포스트코로나19시대

교회의 새로운 핵심 가치 만들기

뉴노멀

존 H. 이워트 저 김익환 역

요단
JORDAN
PRESS

포스트코로나19시대
교회의 새로운 핵심 가치 만들기

뉴노멀

초판 1쇄 발행 2020년 4월 29일

발행인 이요섭
지은이 존 H. 이워트
옮긴이 김익환
기획 박찬익
편집 이지혜
디자인 박지혜
제작 박태훈
영업 김승훈, 김창윤, 이대성

펴낸곳 요단출판사
등록 1973. 8. 23. 제13-10호
주소 07238) 서울특별시 영등포구 국회대로 76길 10
기획 (02)2643-9155
영업 (02)2643-7290
Fax(02)2643-1877
온라인구입 요단인터넷서점 www.jordanbook.com

ISBN 978-89-350-1813-0
값 15,000원

테레사,

당신은 내 최고의 친구이자 내 영웅이고,
내가 알고 있는 최고의 그리스도인이오.

조슈아, 스테파니, 레이첼, 조사이어,
하나님이 너희 모두를 위해 놀라운 계획을 가지고 계시단다.

그레이시, 비니,
너희들이 그리스도를 위해 너희 세대에 영향을 끼치기를 기도한다.

은혜와 사랑받는 법에 대해 가르쳐준 모든 분들께 감사한다.

목차

머리말

척 로리스 Chuck Lawless
웨이크 포레스트, 노스 캐롤라이나 Wake Forest, NC

북미의 교회들이 위기에 처했다는 것은 더 이상 비밀이 아니다. 많은 교회들의 성장이 정체하거나 쇠퇴하고 있다. 우리 회중들은 복음의 변화시키는 힘을 알지 못하는, 믿지 않는 이들과 비슷한 모습으로 살아가는 것 같다. 교회 지도부는 어떻게 죽어가는 교회에 변화를 주고 어두워져 가는 문화에 영향력을 줄 수 있을지 생각하느라 분투하고 있다. 홀로 자신의 교회를 성장시키시는 하나님 앞에서 개인적으로나 공동체적으로 재헌신하는 진심 어린 쇄신이 필요하다.

이 위기 속에서 수많은 교회들이 기도는 빠뜨린 채 다른 교회의 프로그램을 재빨리 도입하고 그대로 적용하여 그것에 기대 성장하려 하고 있다. 그 결과로 일시적인 양적 성장이 있을 수 있겠지만, 이것은 오래 지속하며 변화시키는 힘이 있는 건강하고 성경적인 성장으로 이어지지는 않는다. 교회는 진정으로 새롭게 세워져야 한다.

내가 아는 한 교회가 새롭게 세워지도록 돕는데 있어 저자인 존 이워트보다 더 많은 경험과 비결을 가진 사람은 거의 없다. 사실 나는 존더러 이 책을 쓰라고 강력하게 권했던 사람 중 하나이다. 나는 교회를 새롭게 세우는 전반적인 과정을 다루는 그의 강연을 여러 차례 들었고, 그때마다 깨닫는 것이 있었다. 존은 교회를 알고, 교회를 사랑하며, 교회가 사역을 통해 하나님께 영광 돌릴 수 있도록 도우려는 깊은 열망을 가졌다.

존은 목회자이자 교수, 그리고 선교학자이다. 목회자로서 그는 하나님의 사람들을 사랑하는 것과 교회가 새롭게 세워져야 함의 중요성을 알고 있다. 교수로서 그는 분석과 평가가 왜 필요한지 알고 있고, 선교학자로서 왜 공동체가 중요한지 알고 있으며, 그리스도인으로서는 교회가 하나님 말씀 사역의 기반이 되기를 원한다. 이런 점들은 존이 이 책을 쓰는데 적격자임을 말해 준다.

존의 목표는 교회가 '새로운 기준'을 구축하도록 하는 것이다. 내가 보기에 그것은 '기준' 이상이지만 말이다. 그는 교회가 본래 목적대로 지상명령을 수행하기를 바란다. 그런 교회의 회중은 하나님의 영광을 기적적으로 나타낼 것이다. 이런 점에서 존이 말하는 교회의 새로운 '기준'은, 그가 이 책 전반에서 말하듯이 하나님의 능력과 별개로 형성될 수 없는 것이다. 사실 하나님의 능력과 상관 없이 교회를 새롭게 세운다는 것은 교회에 생명을 불어넣는 일이 아니다.

하나님이 여러분 삶과 교회를 통해 이 책을 사용하셔서 그분 자신께서 영광 받으시기를 기도한다.

왜 이 책을 쓰게 되었나?

수많은 책들과 또 책들! 나의 사무실은 책으로 가득하고, 나는 책에 둘러싸여 있다. 그런데 왜 또 다른 책이 필요한 것일까? 우리에게 정말 이 책이 필요할까? 수많은 책이 출판되고 있는데, 왜 누군가 나에게 또 다른 책을 쓰라고 하는 것인지? 나는 바로 이런 질문을 던졌다. 나는 너무나 좋은 신학교에서 타고난 재능을 가진 학자들과 함께 일하고 있다. 그들은 집필 과정을 사랑한다. 그에 비해 나는 작가라기보다 관찰하는 실천가이자 이야기꾼이고, 전략가이자 컨퍼런스 지도자다. 나는 종일 말을 할 수는 있지만 블로그에 올릴 글을 쓰는 것은 지루해서 해야 할 때만 억지로 한다.

그렇다면 왜 지금 이 책일까? 나는 해결해야만 할 구체적인 문제에 맞닥뜨렸고, 지인들이 아는 바와 같이 나는 문제를 해결할 의지 없이 말만 하는 것을 아주 싫어하기 때문이다. 그리고 친구들이나 동료들, 그리고 누구보다 아내는 이 점을 너무나도 잘 알고 있다. 그래서 이 책이 나오게 된 것이다!

나의 목적은 단순히 주님을 섬기고, 내가 할 수 있는 방법으로 교회를 돕는 것이다. 나는 어린 시절에 교회를 다니지 않았다. 그래서 뒤늦게 교회에 발을 들였는데, 나는 마치 본래 구성원이었던 것처럼 환영 받았다. 그것은 나에게 작은 일이 아니었고, 지금 생각하여도 그렇다. 놀랍게도 나는 미식 축구팀 탈의실에서 구원 받았다. 한 친구가 용기를 가지고 다가와 내가 복음으로 삶을 바라보도록 해 주었고, 하나님은 그를 사용하셨다. 결국 나는 그 친구가 다니던 교회에 다니게 되었는데, 그 교회에 간 첫날 누군가가 내 눈을 보고 나를 사랑한다고 말해 주었다. 나는 그 말을 믿었다. 그 교회는 내게 아주 특별한 곳이자 사람들이었으며, 앞으로도 늘 그럴 것이다. 나는 그 교회가 건강하면 좋겠고, 교회에 도움이 되고 싶다.

내가 회개한 후 얼마 되지 않아 놀랍게도 하나님은 나를 풀타임 사역자로 섬기도록 부르셨다. 그 부르심은 아버지와 할아버지처럼 변호사가 되기로 생각했던 내게 아주 흥미로운 여정이 되었다. 그 부르심은 늘 평탄하지는 않았고 손쉬운 여정도 아니었다. 초반에는 어두움도, 돌아온 탕자와 같은 경험도, 나의 부르심을 이해하지 못하는 가족과의 갈등도 있었다. 아무도 나를 지지해주지 않을 때에 그 부르심을 따르느라 고군분투하였다.

하지만 부르심은 모든 것이었다. 여전히 그렇다. 주님이 주의 일을 하도록 나를 부르셨다는 확고한 사실이 그 일을 지속할지 판가름

하는 기준이 되었다. 여러분이 왜 지금 하는 일을 하고 있는지, 누구를 위해 그 일을 하는지 기억하기 바란다. 이것이 언젠가 변화를 만들어 낼 것이다.

부르심을 따르면서 나는 여러 모습으로 주님과 교회를 섬기는 특권을 얻었다. 나는 내 이력서가 한 가지 일을 진득이 못하는 사람의 것 같다고 늘 말한다. 처음에는 음악을 제외한 거의 모든 일에 관여하는 협동목사였고, 이후 오랜 동안 다양한 환경에서 담임 목사로 섬겼다. 새로운 교회를 개척하는데 도움을 주기도 하고, 이백 년이 넘은 교회에서 목회를 하기도 했다. 교회 개척부터 다시 부흥하는 데까지 교회 최고의 모습과 최악의 모습을 보았다.

이 과정에서 나는 하나님이 일하심을 목도하며 그분께서 스스로 그 일을 진행하신다는 사실을 알게 되었다. 하나님은 내가 목회하던 교회들을 축복하셨고, 나는 그분이 내리신 복을 체험하는 대단한 경험을 할 수 있어 너무 감사하였다. 나는 크게 성장한 교회들의 담임 혹은 대표 목사였기 때문이다. 사람들은 당연히 내가 무엇을 하는지 스스로 잘 알고, 어떤 특별한 성장 비법을 가지고 있으며, 자신들에게 그것을 가르칠 수 있다고 생각했다. 그들은 내가 이 모든 성장을 어떻게 이루었는지 물었고, 나는 하나님이 이루신 일들에 대해 말하려고 노력했다. 하지만 사람들은 자신들의 교회에 큰 성장이 일어날 수 있는지 알기 위해 나에게 조언을 구했다. 이런 대화가 훗날 '자문'이라고 말할 만한 수준으로 이어졌다. 그 후로 많은 이야기와 긴 여정을 지나 톰 레이너Thom Rainer 박사를 만나게 되었다. 나는 그와 함께 신학교와 그의 자문 팀을 섬겼다. 나는 그에게 배웠으며, 여전히 많은 것들을 배우고 있다. 많은 신세를 졌다.

그때나 지금이나 계획한 것이 없고, 다음에 무엇이 벌어질지 모른다. 계속해서 신학교를 섬기면서 나는 오랫동안 "신학교화" 하였지만 여전히 나 자신을 지역 교회 목회자라고 생각한다. 동시에 건강한 교회에 대한 강연이나 자문, 문제 해결 요청을 받는다. 내가 할 수 있는 최선을 다 한다. 그렇기 때문에 나는 늘 해결해야 할 문제와 마주하게 되는 것이다.

여러분이 자문이나 강좌, 컨퍼런스, 혹은 모임 인도 요청을 받으면 그곳에 참석한 사람들은 여러분 강연에 대한 자료를 요청한다. 나는 교회의 건강함에 대해 궁금한 모든 것을 45분 이내에 가르쳐 달라는 강연에 초대받고는 한다. 이런 모임에서는 광고를 하고 소개하는데 20분이 지나간다. 그러면 나는 남은 20분 동안 너무 많은 내용을 벼락치기로 가르치게 된다. 나는 참석자들이 알고 싶거나 필요로 하는 것들을 다 알지는 못하지만, 20분 안에 내 경험을 나누는 것이 불가능하다는 것은 안다. 나는 내가 경험한 것들과 그들에게 가르쳐야 할 것들을 요약해야 했다. 무엇인가 남는 것이 있어야 했고, 어떤 것들은 강조해야 했다. 게다가 이런 경험들을 통해 나는, 필요를 느끼는 이들이 있는 곳마다 갈 수는 없다는 현실을 받아들이게 되었다. 그래서 이 책을 쓸 수밖에 없었는데, 여러분은 그 내용을 접하게 된 것이다.

이 책은 내가 "새로운 기준"new normal으로 정의 내린 것을 어떻게 여러분의 교회에 적용할 수 있을지 쓴 요약본이다. 여러분이 이 과정을 함께 하고자 개인적인 자문위원으로 나를 초청한다면 그 과정은 수개월이 걸릴 것이다. 내가 이 책에 있는 개념들을 집중 과정 컨퍼런스나 워크숍 형태로 가르쳐 교회 지도자들이 회중을 인도하도록 준비시키는 데는 보통 삼 일이 걸린다. 이 정도 분량의 책으로 세부사항을 모두 다루는 것은 불가능하다. 하지만 이 책은 여러분의 교회에서 이 과정을 시작하는데 필요한 기본적인 원칙들을 알려줄 것이다. 개인적인 자문을 원한다면 www.needanewnormal.com를 통해 우리 사역 팀으로 연락하기를 바란다.

나는 이 책의 내용이 도움이 되기를 진심으로 기도한다. 여러분의 시간도, 내 시간도 낭비하고 싶지 않다. 이 책은 실제 삶의 경험을 토대로 교회의 건강함이나 교회를 새롭게 세우는 일에 담백하고 상식적으로 접근한다. 나는 수십 년 동안 다섯 개 대륙의 수백 교회와 교단 기관들, 선교부, 교육 기관들, 그리고 지도자들과 함께 사역을 했다. 그러자 교회의 건강함에 관한 교훈과 유형을 발견할 수 있었다. 나는 이렇게 얻은 교훈과 유형을 최대한 명료하게 여러분과 나누고자 최선의 노력을 할 것이다. 실제 자문 활동에서 사용하는 몇 가지 실용적인 자료들은 이 책 뒤에 있는 부록에 포함시켰다.

더불어 내가 이 책을 써야 할 한 가지 아주 중요한 핵심적인 문제가 있다. 여러분 모두 잘 알고 있듯이 다수의 연구서와 보고서가 쇠퇴와 정체, 교회 내부 문제에 집중하는 것, 등록만 하고 출석하지 않는 교인들, 선교와 관련 없는 교회 활동이 대다수까지는 아닐지라도 많은 미국 교회들에게 '보통'이라고 지적하고 있다. 나는 전 세계 수많은 이들에게 컨퍼런스와 워크숍을 인도하고, 컨설팅을 하고, 강의를 하는 축복을 누려왔다. 그리고 그곳에서 교회 지도자들과 성도들이 자신들의 교회가 '으레' 건강하지 않다고 이야기하고, 농담하고, 생각하는 것을 들어 왔다. 나는 이런 이야기들에 지쳤고, 당연히 교회가 건강하지 않을 것이라는 '기존' 관념에 맞서 싸우고 싶다. 이제 이런 것은 멈출 때이다. **우리에게는 새로운 기준이 필요하다!**

나는 최근 컨퍼런스에서 교단 지도자들을 인도하면서 이런 생각을 나누었다. 기도하는 시간에 참가자 한 명이 아주 정직하게 기도했다. "주님, 저는 누군가가 제 아내나 딸을 조롱하는 것이 싫습니다.

주님, 저희가 당신의 신부되는 교회에 대해 농담을 하면 주님은 어떤 기분이실지 모르겠습니다. 이러한 조롱으로 주님이 상처 입으실 것이고, 저희도 상처 입을 것입니다. 저희는 반드시 당신의 교회를 축복해야 합니다. 교회를 보호하고 교회가 부흥하도록 간구해야 합니다.” 내 눈에 눈물이 가득 고였다. 아멘, 아멘.

예수님을 사랑하고 싶지만 교회는 사랑할 수 없다는 사람들은 마치 나에게 “존, 나는 당신과 가까워지고 싶어. 당신의 가장 친한 친구가 되고 싶어. 하지만 당신의 아내 테레사는 견딜 수가 없네.”라고 말하는 것과 같다. 이건 말이 안 된다! 교회를 향한 우리의 태도도 마찬가지다. 그것은 도움이 되는 것도, 건강한 자세도 아니다. 이러한 태도는 자기 방어적이고 자성적인 예언은 될지 모른다. 하지만 우리는 더 높은 기대를 해야 한다. 반드시 더 좋은 것을 구해야 한다. 건강한 교회는 **‘평범한 것’**이어야지, 특별한 것이어서는 안 된다. **우리에게는 새로운 기준이 필요하다!**

나를 아는 사람들은 나를 고지식한 사람이라고 한다. 동부 오클라호마의 오자크 산지Ozark 태생이라는 점과 내 삶의 경험 때문일 것이다. 나는 올곧지 못한 행동은 시간 낭비라고 늘 믿어 왔다. 그러니까 내가 분명한 확신을 가지고 말한다면 믿어 주시기를 바란다. 하지만 이 책은 묘책이나 비법이 아니다. 사람들은 늘 묘책이나 비법을 찾고자 나에게 연락을 한다. 그들은 빠르고, 쉽고, 고통 없이 상황을 바꾸어 줄 손쉬운 방법을 바라며 내가 인도하는 컨퍼런스에 온다. 실망시켜서 유감이다. 하지만 나는 전부는 아닐지라도 교회의 건강함에 관련된 대부분의 책을 알고 있고, 그것들을 대부분 읽었고, 대부분의 과정도 알고 있다. 이런 주제들을 신학교에서도 가르치고 있다. 이런 내가 아주 자신 있게 말할 수 있는 것은, '비법은 따로 없다'는 점이다. 오직 성령께 다시금 완전히 의지하는 것과 그분의 사역을 진실로 이해하는 것, 그리고 사역을 이루기 위해 주님이 우리를 사용하시는 것만이 해결 방법이라는 것 뿐이다.

이런 맥락에서 이 책의 목적은, 내가 목회자이자 선교사이며, 교회 개척 전략가이자 자문위원, 신학교 행정가, 교수로서 오랜 시간 동안 발견하고 경험하여 알게 된 것들과 구체적 과정들을 함께 나누는 일이 될 뿐이다. 나를 교회 임직원, 목회자, 그리고 자문위원으로 함께 할 수 있게 해 준 교회와 교회 지도자들에게 많은 빚을 졌다. 그들의 인내와 믿음이 나와 여러분이 읽고 계시는 이 책에 큰 영향을 주었다. 이제껏 많은 이들을 상대로 자문 활동을 해 보니, 확실히 배운 점도 있었고 많은 실수도 있었다. 그리고 주님께 감사하게도 간증할 만한 성공 사례들이 있었다.

교회를 새롭게 세우는 과정이 양적 성공을 보장하지 않는다는 사실을 이해하기를 바란다. 양적 성장이 여러분의 주된 목적이라면 나는 여러분을 실망시킬 것이다. 앞으로 나올 내용들은 기존의 지역 교회들이 성령에 의지하고, 그분이 사용하시는 최선의 방법을 발견하게 한 고된 과업에 대한 간략한 설명이다. 이 과정들은 반드시 상황에 맞게, 그리고 기도로 시작되어야 한다. 상아탑과 같은 것은 없다. 이것은 새로움을 경험한 현장의 호된 시련 속에서 정제된 건강한 교회의 삶에 대한 성서적이고 상식적인 접근이다.

이 책에 관심을 주셔서 감사드린다. 이 책을 읽는다는 것은 당신이 도움을 원한다거나, 도움이 필요한 상황에 있다는 뜻일 것이다. 심호흡을 한 번 하고 이 책 전체를 읽으시기를 바란다. 이 책은 그리 길지 않다. 일부만 읽고서는 전체 그림을 발견하지 못한다. 각 장들은 서로 연결되어 있다. 우리는 지역 교회를 위해 **'새로운 기준'**을 정의 내리고, 만들어가고, 기대해야 한다. 새로워진 교회와 교회의 구성원이 되기 위한 '공통 가치understood value'를 창출하는 것이 이 글의 주요 골자가 될 것이다.

1장

고된 작업

새로운 기준을 구축하는 일은 쉽사리 끝마칠 수 있는 작업이 아니다. 그 일에는 교회가 새 생명을 자신의 한 가운데로 밀어 넣는, 분명하고 확실한 실천이 수반된다. 요점은, 그 작업이 **아주 힘들다**는 것이다. 하지만 어렵다고 이쯤에서 이 책을 내려놓지 않기를 바란다. 힘든 일은 보통 다른 사람들에게도 힘든 법이다. 안타깝게도 나는 교회를 새롭게 한다면서도 게으르고 심드렁한 지도자들을 많이 만났다. 앞서 이야기 했듯이 나는 고지식한 사람이다. 이렇게 말했다고 나를 너무 모질게 판단하시기 이전에 내 말씀을 좀 더 들어주셨으면 한다. 여러 지도자들이 이러한 문제를 나에게 털어놓았다. 우리가 스스로와 다른 이들에게 솔직해지면 그것이 흔한 증상이라는 것을 어렵지 않게 결론 내릴 수 있다.

지도자들이 게으르고 열정이 없는 데는 여러 이유가 있을 것이다. 이들이 처음부터 그러지는 않았으리라 확신한다. 어쩌면 그 지도자나 그들의 가족이 교회 사역의 최선봉에서 누군가에게 수많은 상처를 주었는지도 모른다. 실패에 실패를 거듭하면서 포기하고 싶은 마음이 들었을 수도 있다. 사역이 힘들었을 것이다. 그러다 보니 포기하거나 설렁설렁 사역에 임하는 것이 쉽고 안전하였을 것이다.

지도자보다 높은 수준을 가진 회중은 거의 없다는 말을 가끔 듣는다. 여러분이 그 이야기를 들어 보았다는 것은, 그것이 사실이라는 것이다. 내가 있던 교회의 지도자들은 그 교회 문제의 원인을 성도들에게 돌렸다. 스스로를 들여다보아야 했음에도 불구하고 말이다. 나는 그들이 스스로를 볼 수 있도록 도왔고, 많은 경우 자신의 분투와 고통을 고백하면서 끝을 냈다. 이야기한 것처럼, 새로운 기준을 구축하는 것은 힘든 작업이다.

지역 교회는 이 과정이 힘들다고만 할 것이 아니라, 반드시 스스로 이 힘든 과정을 감내해야 한다. 회중이 스스로 고민하여 자신들을 이끌어 갈 성경적, 상황적, 문화적 주제를 결정해야 한다. 여러분은 반드시 성경을 주해해야 한다. 또한 여러분은 여러분의 회중을 정의할 수 있는 구체적인 역사적, 관계적, 문화적 이슈들을 분석해 내어야 한다. 여러분의 공동체를 정의 내리고 해석해야 한다. 누구도 여러분보다 이 일을 더 잘 할 수 없을 것이다. 이 책은 여러분이 따라야 할 단계와 고려해야 할 사항들을 제시할 것이다. 하지만 결국 여러분이 실행해야 할 것이고, 교회의 건강함과 그에 대한 이해와 가치를 창출하는데 꼭 필요한 작업과 현실에 대한 정보를 직접 채워 넣어야 할 것이다.

여러분이 단순히 열심히 일할 뿐만 아니라, 교회의 갱신과 건강함이 적극적이고 집중적으로 유지되어야 한다. 새로운 기준을 만들어

내는 것은 일회성 행사나 프로그램이 아니라는 것을 기억하시길 바란다. 이는 절대로 멈추지 않는 끝이 없는 과정이다. 양떼를 기르고 먹이는 것은 끊임없는 집중과 관심을 요한다. 이런 목양이 없다면 우리는 방황할 것이고 곧장 서로를 들이받고 상처 주게 될 것이다.

여러분이 이 힘든 작업을 계속해 나가지만, 동시에 우리의 대적과 그 세력은 교회가 건강해지기를 원하지 않는다는 점을 기억해야 한다. 대적들은 교회 성도들이 교회의 사명에 대한 건강하고, 성경적이며, 공통된 가치를 가지기를 바라지 않는다. 그들은 잠들지도 않고, 우리를 탈선하게 할 방법을 계속해서 찾는다. 이 책을 읽으면서 여러분이 교회에 대한 이해와 건강 증진을 위해 계획을 세우고자 한다면 대적들의 관심을 끌게 될 것이다. 조심해야 한다!

죄의 영향과 타락한 피조물의 움직임은 멈춤이 없다. 우리는 성령의 능력과 지혜만을 힘입어 앞으로 나아가야 한다. 이것 또한 힘든 일이 될 것이다. 새로운 기준을 세우는 작업은 우리로 하여금 더욱 성령께 의지하도록 한다. 이 일은 우리의 순종과 겸손을 요구한다. 이 일에는 끝이 없지만, 궁극적으로 교회를 새롭게 하는 것은 하나님의 일이기 때문에 놀라운 보상이 따른다.

어린 시절에 소목장에서 일을 도운 적이 있었다. 아직 번식시키지 않은 소를 기르던 목장이었는데, 거기 소들은 크고 값이 비쌌다. 외

형은 완벽에 가까웠고 유전 정보가 세심하게 보존된 종들이었다. 순종 경주마를 기르는 것 같았다.

내가 그곳에서 도운 일 중 하나는 송아지 '짝 맞추기'라고 불리우는 일이었는데, 새로 태어난 송아지의 유전 정보를 유지하기 위해서 혈통을 정확히 파악하는 것이었다. 그러기 위해서는 새끼를 어미 소에게서 떼어 따로 떨어진 축사에 두어야 했다. 송아지도 어미 소도 이렇게 떨어지는 것을 좋아하지 않았는데, 송아지는 굶주려야 했고 어미 소는 자기 새끼를 돌보지 못했기 때문이다.

새끼와 떨어지고 며칠 후 어미 소는 새로 태어난 송아지들이 있는 축사로 들어온다. 그러면 송아지들은 자기 어미에게 다가가는데, 이때 어떤 송아지가 어떤 어미에게서 태어났는지 기록한다. 어미 소는 자기 새끼만 돌보기 때문에 실수가 있을 수 없었다. 놀라운 광경이었다.

이때 내가 한 일은 축사의 문을 여닫는 것이었다. 당시 나는 힘이 좋았고 운동도 잘 했기 때문에 이 일을 할 수 있었다. 크고 힘 센 소들이 동시에 축사 입구로 몰리지 않도록 해야 했다. 소들은 나보다 힘이 월등히 셌기 때문에 쉽지 않았다. 하지만 나는 재빨리 손을 움직이고 정신을 집중하는 법을 배웠다. 나는 소 한 마리가 들어오도록 한 후 재빠르게 문을 닫고, 다른 소가 움직이기 전에 문을 잠갔다. 이 일을 잘 해내는 단순한 비결은 문에서 눈을 떼지 않는 것이었다. 소들이 얼마나 끈질기고, 시끄럽고, 어미 소가 제 새끼와 만나는 광경이 얼마나 놀랍던지 간에 극도로 집중하는 것이다. 그러지 않으면 소를 제어하지 못하거나 들이받히게 되는 것이다.

교회도 마찬가지다. 여러분도 교회의 건강함이라는 문에서 절대로 손을 놓거나 눈을 떼어서는 안 된다. 우리의 대적이 문 안으로 들어오고자 하고, 집중력을 흐트러뜨리고 무너지게 하더라도 우리는 열심을 내어야 하고 집중해야 한다. 열심히 일하라!

새로운 기준을 세우기 위해 열심히 일하는 것은 가치 있는 일이다. 참되고 성경적인 교회 구성원이 되기 위한 공통 가치를 발전시키는 일은 매우 보람된 일이다. 이제 이야기하게 될 교회를 건강하게 하는 과정을 통해 왜 여러분이 그 일을 해야 하는지, 여러분이 누구인지, 그리고 여러분이 어떤 상태에 있는지 정직하게 바라보게 될 것이다. 더하여 왜 여러분이 이 일을 해야 하는지 답하는데도 도움이 될 것이다. 이 작업이 고통스럽고 두렵기도 하겠지만, 진리가 여러분을 자유롭게 할 것이다.

이 과정에는 올바른 해석의 과정과 사역의 선교학적 기반이 요구된다. 이 사역에는 교회의 모든 지도자와 구성원이 참여해야 한다. 이것은 닫혀 있는 문 뒤의 밀실, 커튼 뒤에서 일어나는 일이 아니다. 여러 차례 말했듯이, **교회와 교회의 구성원이 되는 것은 반드시**

공통된 이해와 가치 위에 정립되어야 한다. 이것이 교회의 건강함이 지속되는데 결정적인 요인이다.

'공통 가치'understood value란 무엇을 의미할까? 회중석에 앉은 모든 사람들과 교회에 등록한 구성원들은 하나의 몸인 교회에서 무슨 일이 왜 벌어지고 있는지 이해하고 있어야 한다. 그들은 교회라 불리는 이 공동체의 일원이 되는 것이 자신과 자신의 가족에게 어떤 가치를 지니고 있는 것인지 알고 있어야 한다. 이 가치를 반드시 이해해야 한다. 이것은 지도자만의 전유물이 아니라 교회의 **모든** 구성원을 위한 것이다. 왜 그런지 설명해 보겠다.

가끔 사람들이 교회에 대해서 말하는 것을 들어 보면, 교회를 모호한 '타자'로 여기고 있다는 것을 알 수 있다. 교회와 거리를 둔 채 깊은 관계를 맺지 않아서 교회 때문에 고통받지 않으려는 것이다. 그들은 마치 자신들은 교회가 아닌 것처럼 말한다. 그러나 여러분과 성도들이 모두 교회라는 사실을 기억할 필요가 있다. 교회가 새롭게 되는 것과 건강한 것이 곧, 교회 지도자들과 구성원 개개인이 새롭게 되고 건강해지는 것으로 이어진다. 이 과정은 아주 개인적 차원에서 진행된다. 일련의 공동체적 개념이기보다는 개인적인 성화의 과정이라고 할 수 있다. 이 과정은 제자를 만드는 일에 관한 것이다.

양과 질

나는 오자크 산기슭의 베어 클론 벨리the Bear Claw Valley에 있는 작은 마을 출신으로, 체로키 부족국가the Western Cherokee Nation의 수도에서 자랐다. 우리 가족은 부족국가를 이루기 이전부터 그곳에서 살았다.

'토네이도 골목'Tornado Alley이라 불리는 곳의 중심부에서 자란 나에게 토네이도는 현실이었다. 어린 시절에 봄이 되면 아버지가 문간에 서서 토네이도를 주시하고 계시는 동안 나는 지하실에서 랜턴 조명으로 보드 게임을 하며 시간을 보내곤 했다. 여러분이 나의 경험을 이해하기 위해서 우리 동네 출신이어야 하는 것은 아니다. 토네이도 골목 출신인 나에게 토네이도의 모습은 자연스럽고, 심지어 평범하기까지 하다. 토네이도를 닮은 나선형의 그림으로 양적 성장과 질적 성장 사이의 잠재적인 관계를 설명할 수 있다.

우리는 이 토네이도의 나선 맨 아래 부분에서 새로운 기준을 세우며 공통 가치를 세워가는 과정을 시작할 것이다. 질적으로 성장하기 위해 열심을 내면 그 결과가 양적 성장으로 이어질 수 있다. 지속하여 질적인 성장에 우선순위를 두어 집중하다 보면, 계속적인 건강한 양적 성장 또한 볼 수 있을 것이다. 반대로 우선 순위를 양적인 성장에 둔다면 성도가 늘 수는 있겠지만, 건강한 회중이 보장되지는 않는다.

나는 교회 안에서 교회를 위하여 하나님께서 놀라운 일을 행하시는 것을 몸소 체험하였다. 나는 회중이 기적적으로 돌아서는 것을 한 차례 이상 목도했다. 이런 경험들을 통해, **'질적 성장이 양적 성장으로 이어질 수 있지만, 양적 성장이 꼭 질적 성장으로 이어지지는 않는다'**는 분명한 교훈을 얻었다. 이것은 아주 중요하다.

또한 교회와 교회 지도자들이 잘못된 순서로 잘못된 목표를 좇는 것도 보았다. 그들은 의식적이든 무의식적이든 간에 양적 성장이 최고라는 잘못된 이해에 기초하여 목표를 세웠다. 양적인 성장에만 치우쳐서 그것을 부추기고 칭송하는 교단도 보았다. 몇 명인지 오직 숫자에 따라 교회를 점수 매기고 뽐내는 신학생들도 보았다. 불행하게도 이런 오해 때문에 그들은 피하고자 한 바로 그 패배를 경험하게 되고 만다.

여러분이 지금까지 듣고, 읽고, 경험한 것이 무엇이든 간에, 높은 수준과 많은 양 사이에는 건강한 균형이 있을 수 있는 것이 사실이다. 오해는 하지 말기 바란다. 나는 더 많은 사람이 복음을 듣고, 더 많은 사람이 성경을 공부하고, 더 많은 사람이 기도하고, 더 많은 사람이 구원 받고, 더 많은 교회가 개척되고, 더 많은 사람이 교회에 다니고, 더 많은 사람이 신앙에 대해 나누기 원한다. 하지만 양적이고 질적인 성장과 교회의 건강을 올바로 성취함에는 기본 원칙이 있다.

교회 지도자들과 구성원들은, 내가 앞으로 설명할 그 과정에 반복적으로 참여하고 성경적인 이해 가치와 건강함을 키워나가면서 하나님께서 일으키실 양적 성장에 알맞은 최상의 태도를 가질 수 있게 되는 것이다. 내가 '최상의 태도'라고 말한 것에 주목하라. 우리는 하나님께서 자신의 뜻에 따라 자기 교회에서 부흥을 일으키실 계획을 가지고 계심을 알고 그것을 좇아야 한다.

고린도전서 3장에서 바울은 우리가 어떻게 제자를 만들고 성장시켜야 하는지 설명한다. 6절과 7절에서 바울은 다음과 같이 말한다. "나는 심었고 아볼로는 물을 주었으되 오직 하나님께서 자라나게 하셨나니 그런즉 심는 이나 물 주는 이는 아무 것도 아니로되 오직 자라게 하시는 이는 하나님 뿐이니라."

우리는 하나님께서 하시는 일이 아니라 우리가 할 수 있는 일에 집중해야 한다. 코리 텐 붐Corrie ten Boom은, "어떤 사람도 하나님께서 우리를 사용하시는 것을 막을 수 없다"고 쓴 적이 있다. 우리는 하나님 말씀대로 살아야 한다. 우리는 하나님, 그리고 그분의 말씀과 뜻을 추구해야 하고, 이를 통해 깨달은 바를 우리의 삶과 교회에서 구현해야 한다. 아는 것과 실천하는 것 사이의 관계를 고려한다면, 우리는 삶과 사역 속에서 질적으로 높은 수준과 성경적 제자도에 도달해야 한다. 이것이 우리의 바람이다.

그래서 나는 여러분이 이 과정을 거칠 때마다 거기에 질적인 발전과 양적인 복이 함께 있기를 기도한다. 여러분이 더 '높이' 자라가면서 동시에 더 '폭넓게' 성장하기를 바란다. 이것은 내가 약속할 수 있다거나, 꼭 그렇게 되리라는 보장은 아니다. 마태복음 9장 38절을 보면, 하나님은 자신이 추수한 것의 주인이시다. 그분은 완벽히 다스리신다. 나는 그분의 백성이 질적인 차원에서 지속하여 그분께 복종하고, 구하고, 순종할 때 하나님께서 양적인 차원의 성장을 일으키시는 것을 본 적이 있다.

"조니, 넌 할 수 있는 최선을 다해야 해." 어머니는 말씀하곤 하셨다. 여러분도 아시다시피 이 말은 확고한 사실이다. 나는 내가 할 수 있는 최선보다 더 잘할 수는 없기 때문이다. 그 이상은 하나님께 굳게 의지하는 것이다. 우리가 새로운 기준을 세우고 공통된 가치를 세워가는 과정 가운데 우리가 할 수 있는 최선은, 열심을 다해 순종하고 현명한 조언에 따라 최선을 다해 실천하는 것임을 기억하자. 나머지 것들은 하나님께 달려 있다.

다섯 단계

앞서 본 나선형의 토네이도에는 '모든' 교회가 '항시' 관련되어 있는데, 거기에는 다섯 단계가 있다. 건강하거나 그렇지 않은지에 상관없이 교회들은 이 생애 주기와 행동의 다섯 단계에 지속적으로 결부되어 있어야 한다. 이 다섯 단계는 지역 교회가 건강한 성장과 가치에 대한 명확한 이해를 발전시키도록 하는 기틀을 제공한다. 항상 이 다섯 단계의 순서를 완벽하게 따라야 하는 것은 아니다. 교회 지도자와 회중이 아무 때고 밀려 오는 특정 사안들을 다루면서 각 단계를 알맞게 조정하여 적용할 수 있다. 하지만 시작되는 단계와 그 다음 단계에는 알맞은 논리적 순서가 있다.

다섯 단계는 아래에서 보는 바와 같은데, 각 단계의 명칭은 특별하지 않다. 여러분이 더 잘 이해할 수 있거나 여러분이 처한 상황이나 주제, 목적에 더 효율적인 용어가 있다면 그 용어를 사용해도 된다. 나는 모든 교회 구성원들이 이해하기 쉬운 상식적인 접근이 좋다고 생각한다. 성도 한 사람 한 사람이 각 단계의 의미와 가치를 알아야 하기 때문이다. 여러분과 여러분의 교회가 이 과정을 더 쉬운 말로 바꾸어 부르고 싶다면 그렇게 해도 좋다. 그보다는 왜, 어떻게 이 단계들을 정의해야 사람들이 이 다섯 단계를 이해하고 실천할 수 있을지 생각해 보는 것이 중요하다. 참된 이해를 바탕으로 공통 가치가 창출된다.

모든 교회가 반드시 항상 연관되어 있어야 할 다섯 단계는 다음과 같다.

1. 평가 Assessment
2. 정체성 파악 Identification
3. 비전 개발 Vision Development
4. 조정 Adjustment
5. 실행 Implementation

이 단계들을 깊이 있게 볼 때 도움이 될 만한 또 다른 이미지가 있다. 여러분이 토네이도 위로 날아서 아래를 내려다 본다면, 다음과 같은 소용돌이를 보게 될 것이다.

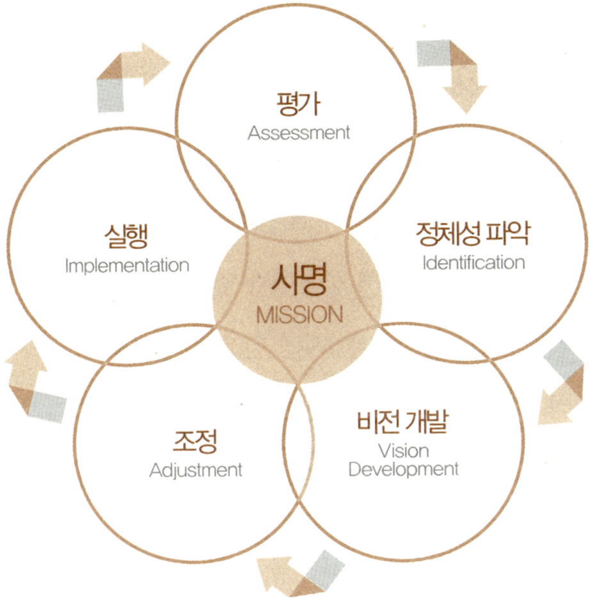

다섯 단계들은 중심축인 '사명' 주변에서 움직인다. 이 단계들은 지속적으로 반복되는 끝없는 고리를 형성하며 사명에서 벗어나지 않는다. 과정이 진행되는 동안 중복과 반복의 중요성이 드러날 것이다. 이 단계들이 정지된 것이 아니라 중심축 주변을 돌면서 끊임없이 움직인다고 생각해 보라. 교회 지도자들과 구성원들이 더 집중적이고 지속적으로 이 단계들을 수행해 나간다면 그들의 사역의 초점과 이해, 조화가 더 확실해질 것이다. 이 나선이 주기를 반복하면서 교회 규모는 확장되고, 이 기본 원리를 구축하는 고된 작업과 양적 축복

사이의 관계가 분명해질 것이다.

이 단계를 시작하기 전에 마지막으로 하고 싶은 말은, 교회는 먼데 있는 어떤 단체가 아닌 지도자 개인과 구성원 개인들 간의 연합이기 때문에 이 다섯 단계가 성도 개인에게도 놀라울 만큼 유익하다는 점이다. 이 다섯 단계는 교회 공동체가 앞으로 나아가야 할 전략을 제시하는 것처럼, 교회 성도 한 사람 한 사람에게도 같은 전략을 제시해야 한다. 이 과정이 바로 진정으로 제자를 만드는 과정이다. 이 과정은 어떻게 교회 구성원이 발전하고 성장할 수 있는지, 어떻게 성도들이 교회의 공동체적 생활의 중요성과 가치를 성경적으로 더 잘 이해할 수 있을지 질문을 던진다.

이후 이 책에서는 새로운 기준을 세우는 각 단계에 대해 정의하고, 설명하고, 여러분의 제직들과 회중들이 함께 이 과정에 참여할 수 있는 실천적인 방편을 다루게 될 것이다. 여러분의 제직들이 이 과정에 대해 수긍하였다면, 이어서 여러분은 그 과정을 실행하고 정의 내리는 방법들을 마련하여야 한다. 이 일은 여러분에게 큰 모험이 될 것이다. 토네이도에 올라타는 것은 골치 아픈 일이다. 힘들겠지만 이 과정은 또한 여러분의 상황이 어떻든 간에 성장의 걸림돌을 제거하여 새롭고 다채로운 길로 인도할 여러분 인생 최고의 여정이 될 것이다.

사명
MISSION

2장

교회를 새롭게 하는 중심축 — 사명

오래 전 필리핀에서 사역을 할 때 일이다. 지도교수님과 교회 개척 전략에 대해 논의하기 위해 근처 섬에서 만나기로 했다. 우리는 배를 타려고 해안가로 운전해 갔지만 여러 일들로 지체해 마지막 화물 여객선을 놓치고 말았다. 이 일은 휴대전화나 인터넷이 있기 훨씬 이전에 벌어진 것이라 당시 이 만남을 위해 섬에 오기로 한 사람들과 연락하는 것은 불가능했다. 다음날 아침에 배를 타기로 하고 차에서 잠을 자려던 차에 우리의 이야기를 듣고 있던 필리핀 사람이 문제를 해결할 방법을 알려주었다. 후에 그 해결 방법이라는 것이 그 사람의 평생 직업이었다는 사실을 알게 되었다. 그 사람은 이런 일이 있을 줄 알고 마지막 여객선을 놓쳐서 발이 묶인 사람들 주위에 있던 것이었다.

그는 우리를 항구 반대쪽으로 데리고 갔다. 거기에 사람들만 나를 수 있는 더 작은 여객선이 있었다. 그 배에 차로 오를 길은 없었다. 우리는 차를 가져가야 한다고 그 사람에게 설명했다. 그러자 그 배의 선장이 웃으며 대답했다. "문제 없습니다. 우리가 손님 차를 배에 실을 수 있어요." 그 선장의 말에 관심이 훅 쏠렸다.

배에 올라타도록 연결된 널빤지를 없애고 선원들이 부두 끝자락에서 배 사이에 큼직한 판자 두 개를 놓았다. 판자가 놓이자 선장은 다시 한 번 웃었고, 운전해서 올라오라고 태연하게 말했다. 그때까지 운전을 했던 지도교수님은 내게 자동차 열쇠를 던지시며 나더러 운전해서 올라가라고 하셨다. 나는 우리 선교회 소속 자동차의 운전대를 잡고 앉아서 천천히 클러치를 뗐다. 그리고 부둣가 끝으로 차를 몰았다.

하지만 부둣가 가장 자리에 도착했을 때 큰 문제가 있음을 알게 되었다. 부두가 배보다 더 높았던 것이다. 그래서 배와 부두를 연결한 판자가 아래로 기울어져 있었다. 차에 앉아서는 그 판자가 보이질 않았다. 그 큰 판자들이 갑자기 눈에서 사라졌다! 어느 방향으로 핸들을 돌려야 할지 몰랐다. 내가 창 밖으로 소리치며 허둥거리고 있는데, 선장이 판자에서 껑충 뛰어내리더니 나를 보고 다시 한 번 태연하게 엷은 미소를 지었다. 그리고 내게 수신호를 주기 시작했다. 나는 그 선장에게 온전히 의지했다. 바다는 출렁였고, 내가 볼 수 있는 것이라곤 오직 파도를 따라 같이 출렁이며 내게 신호를 주는 선장의 상반신 뿐이었다. 그는 내게 오른쪽으로 핸들을 돌리라고 신호를 주었고, 또 왼쪽이라고 신호를 줬다. 그리고 갑자기 멈추라고 신호를 주기도 했다. 말할 필요도 없이 나는 그의 지시에 따라 멈추었다.

이 나무 판자 위에서 운전했던 일을 절대 잊을 수가 없다. 나는 그 판자가 자동차의 무게 때문에 구부러질 수도 있다고 생각했고, 파도가 출렁이면서 삐걱거리는 소리도 들었다. 핸들 한 번만 잘못 돌려도 깊은 바다에 빠질 수 있었다. 바로 그 찰나에 나는 내가 왜 이렇게 죽었는지 어머니는 절대 이해 못하시리라 생각했다.

선장은 내가 무엇을 해야 할지 파악하고 수신호를 건넸다. 나는 밀물에 흔들리는 차를 살살 몰아 배쪽으로 천천히 움직여 갔다. 선장은 나를 배에 태우고 나서도 그 작은 보트에 차를 다섯 대나 더 실었다.

나는 그날 삶에 대해 많은 것을 배웠다. 첫째, 삶에는 깊은 물과 보이지 않는 도전들이 가득하다. 삶의 한 발짝 한 발짝은 불확실함으로 점철되어 있다. 그 중에서도 중요한 것은, 우리는 우리가 건너야 할 나무 판자를 볼 수 없다는 것이다. 우리는 미래를 알 수 없다. 우리는 반드시 앞으로 나아가야 하지만 우리 앞에 어떤 일이 벌어질지 모른다. 그래서 우리에게는 숙련된 인도자가 필요하다. 우리에게는 우리를 이끌어 줄 누군가가 필요하다. 우리에게는 나무 판자를 제자리에 놓아줄 사람이 필요하고 우리가 가야할 길을 보여줄 사람이 필요하다. 비록 가는 길이 쉽지 않더라도 우리는 집중해서 그의 모든 신호 하나 하나에 집중해야 한다. 우리가 움직이는 것과 멈추는 것은 그의 명령에 달려 있다.

섬으로 들어가는 길에 선장과 대화를 나누었다. 선장이 자기 배에 차를 실은 것은 분명 이번이 처음이 아니었다. 이것이 직업이었기에 그는 이 일을 수천 번 해 왔다. 그는 그 나무 판자가 얼마나 강한지 알았고, 내 차의 타이어가 정확히 어디에 위치해야 하는지도 알고 있었다. 그렇기에 그는 자기 고객들이 허둥거릴 때에도 계속 미소를 짓고 있었던 것이다. 선장은 어떻게 자기가 차들을 배에 올릴 수 있는지 비결을 말해 주었다. "운전자들이 내 말대로만 하는 것입니다. 꼭 내가 말한 대로 운전하는 것이 비결이지요."

나는 이 나무 판자 위에 있을 때 선장이 말하는 대로 정확히 따르는 것 말고는 다른 어떤 생각도 하지 않았다. 오른쪽이나 왼쪽으로 핸들을 돌리라고 할 때 나는 그와 논쟁을 벌이지 않았다. 그의 모든 말과 행동에 완전히 집중했다. 라디오도 듣지 않았고, 파도가 얼마나 이는지도 확인하지 않았다. 선장이 멈추라고 했을 때 머리를 창 밖으로 내밀고 앞으로 더 가야하지 않느냐고 따지지도 않았다. 그가 무엇을 말하든 어디로 인도하든 나는 "네, 선장님"하고 답한 뒤에 그가 지시한 대로 정확히 따랐다.

매 순간 그렇게 살 수 있었으면 좋겠다. 은혜롭게도 하나님은 우리 삶에 나무 판자와 같은 부분을 만드셨고 우리를 그 가운데로 인도하셨다. 이 나무 판자와 같은 곳은 우리가 전진해야 하는 곳이다. 하나님은 이 판자가 어디에 있고, 우리가 어디에 있는지 정확히 아신다. 이 판자는 우리 삶과 하나님 교회를 위한 성경적 원리와 실천과 같다. 이 판자는 우리를 그리스도처럼 되도록 이끄는 제자도의 목표와 같은 것이다.

우리는 하나님의 말씀과 하나님이 보내는 신호에 집중해야 하고, 우리의 움직임은 그분의 신호에 맞추어야 한다. 논쟁이나 토론, 상의도 할 필요가 없다. 우리는 우리를 인도하시는 한 분 하나님을 믿어야 한다. 우리가 올바로 그분을 따를 때 그분이 마련하신 나무 판자는 그분의 목적을 완수하도록 우리를 인도할 것이다.

이 책은 나무 판자 위에서 앞으로 나아가기 위해 취해야 할 구체적이며 중요한 과정에 관한 내용을 담고 있다. 하나님은 자신의 교회 앞에 계획을 마련해 두셨는데, 이를 통해 우리는 열방을 구원하시는 하나님의 열정에 동참하여 하나님께 영광을 돌리게 될 것이다. 이 목표에 도달하기 위해서는 교회 지도자들과 성도들이 하나님을 따르고, 다른 사람들을 이 여행에 함께 동참시켜야 한다.

아무튼 우리는 섬에 당도했고, 보트에서 내리기 위해 이 판자 위에서 후진을 해야 했다. 내 앞에 있던 차는 미끄러져서 뒷바퀴가 부둣가에 부딪쳤고, 가까스로 배에서 내려갔다. 다음 차례는 나였는데, 나는 정말 운전하고 싶지 않았다. 다른 사람이 그 차를 운전해 주기를 바랬지만 나에게 운전할 책임이 있었기 때문에 그 힘들고 위험한 일을 감내해야만 했다. 여러분이 이 글을 읽으면서 이런 일을 해줄 누군가가 있었으면, 하고 바랄지 모르겠다. 잘 버텨서 그 힘든 일을 해내야 한다. 조금 더 힘을 내야 한다. 당신은 이 일을 할 수 있다. 당신이 배와 부두 사이에 놓인 나무 판자 위에 있다고 생각해 보라. 여러분은 아마 여러분이 가야할 곳에 정확히 당도할 것이고, 멋진 간증거리로 여정을 끝마치게 될 것이다.

나는 확실히 나무 판자를 건너는 경험을 했다. 우리는 모임에 참석할 수 있었으며, 이후 그곳에는 필리침례교회Pili Baptist Church가 세워졌다. 필리핀 어촌 마을에 있는 내 집 벽난로 위에는 큰 그림이 있다. 그 그림은 마치 필리에서 막바로 온 것 같다. 그 그림을 보면 여전히 작은 배의 선장과 하나님의 목표, 하나님의 은혜, 하나님의 나무 판자가 떠오른다.

'왜'라고 묻는 훈련

내가 교회의 자문에 답하거나 목회를 할 때 반복해서 하는 질문이 있는데, 그것은 바로 '왜?'이다. 이 질문은 많은 경우 교회의 지도력이라는 퍼즐 맞추기에서 잃어버린 퍼즐 한 조각과 같다. 아무도 '왜'라는 질문에 지속적으로 집중하지 않는다. 나는 거의 매주 교회 지도자들 및 학생들과 이 문제에 대해서 토론을 하고는 한다. 여러 이유에서 지도자들은 '무엇'을 '어떻게' 하느냐 때문에 정신이 산만하다. 그래서 중요한 문제에는 집중하지 못한다. 사고하고 집중하는데 더 나은 방법이 있다. 교회의 건강을 위해 우리는 올바른 질문을 올바른 순서로 던져야 한다. 나는 이것을 간단히 왜?라고 묻는 훈련이라고 부른다. 심호흡을 하고 잠시 속도를 늦춘 후 다음 명제를 한 번 생각해보기 바란다.

'왜'라는 질문은 반드시 '누구'냐는 질문보다 앞서야 한다.
'누구'냐는 질문은 반드시 '무엇'이냐는 질문보다 앞서고,
'무엇'이냐는 질문은 반드시 '어떻게'라는 질문보다 앞서야 한다.

이 질문들은 아주 쉬운 것 같지만, 장담하건대 올바른 순서로 계속해서 질문하는 것은 꽤 어렵다. 사실 내 경험상 이 훈련이 진행되는 것을 실제로 본 적이 거의 없다. 오랜 기간의 사역, 교회 지도자들이나 구성원들과 대화하는 중에 왜?라는 질문을 먼저 하지 않는다는 사실을 의식하게 되고는 한다. 왜 그럴까?

내가 속한 미국 문화에 비추어 보면, 많은 교회 지도자들과 구성원들은 '무엇'과 '어떻게'라는 문제에 바로 뛰어들고 싶어 한다. 이것을 고치려면 무엇을 해야 하지? 이것을 어떻게 고치지? 우리는 어떻게 바꿀 수 있지? 우리는 어떻게 성장할 수 있지? 어떻게 사람들에게

다가갈 수 있지? 나는 이런 질문들을 끊임없이 받는다.

이런 질문들은 좋은 의도를 가진 좋은 질문들로써, 아주 실용적이고 기본적인 것들이다. 하지만 문제는, 어떤 행동을 취하기 위해 최종 결정을 내리는 과정에서 더 중요한 질문을 던지고 답하지 않는다면 교회와 그곳의 지도자들은 꽉 막힌 사고와 행동을 할 수밖에 없게 된다는 사실이다. 이런 지도자들은 장기적인 성공이나 효과 없이 다음 단계로 헐레벌떡 옮겨가고는 한다. 그들은 마치 좌우로 흔들리는 시계추를 탄 것 같아서, 상황이나 목적이 무엇인지는 신경 쓰지 않고 다음에 따라할 크고 멋진 일만 찾는다.

불행히도 우리 주변에 일어나는 일에서 표면적으로 우리가 보고 있는 부분들이 '무엇'과 '어떻게'를 주도한다. '무엇'과 '어떻게'에 진정한 신학적, 상황적인 평가나 주해는 필요 없다. '무엇'과 '어떻게'라는 질문은 우리로 하여금 불완전한 선교론을 펼치게 한다. '무엇'과 '어떻게'로 묻는 것은, 과업, 재원, 계획, 그리고 프로젝트에 관한 기초적인 질문이다. 이런 질문에 대한 답은 편람, 컨퍼런스, 달력을 가지고 할 수 있다. 이런 손쉬운 질문으로는 부족하다.

'무엇, 어떻게, 누구'와 같은 질문보다 더 중요한 것은 '왜'로 시작하는 질문이다. 이 질문은 더 중요하고, 대답하기 더 어렵다. 훈련된 사고 과정과 실천 계획을 필요로 하는 질문이다. '왜'라는 질문은 목적, 사명, 그리고 존재에 관한 질문이다. 왜 하나님은 나를 창조하시고 구원하셨을까? 왜 하나님은 나를 이런 시점에 이런 상황에 이런 사람들과 함께하도록 하셨을까? '왜'라는 질문은 다른 모든 것을 바꾸는 질문이다. 이 질문에 대한 답은 적절한 관점과 초점을 제시하기 때문이다. '왜'라는 질문의 답을 아는 것은 하나님께 영광을 돌리도록 하는 순종의 기초를 다진다. 어떤 것을 하든 우리의 동기와 이유는 이 '왜'라는 질문을 답함에서 비롯한다. 우리는 왜 교회가 성장하고, 왜 새롭게 세워지기를 바라는지 알아야 한다. 여러분은 왜 여러분의 교회가 건강하기를 원하는지, 왜 여러분이 성경적으로 건강해야 하는지 알아야 한다.

내 휴대폰에는 "나는 왜 숨쉬나"라는 제목의 메모가 있다. 그것은 아직도 내 휴대폰에 있는데, 나는 그것을 읽고, 수정하고, 그것에 대해 종종 기도하고는 한다. 내가 왜 숨쉬고 있는지 여러분도 답을 한번 해보고, 다시 볼 수 있는 곳에 기록해 놓기를 권한다. 나는 내가 왜 살아 있는지 안다. 나는 내가 왜 존재하는지 안다. 나는 내가 왜 숨 쉬고 있는지 알고 있다. 심지어 나는 휴대 전화기에 있는 이 메모를 사람들에게 전도할 때도 사용한다. 나는 대부분의 사람들이 왜 자신들이 있는 곳에 있고, 왜 존재하는지 꼭 알고 있지는 않다는 사실을 알게 되었다. 릭 워렌Rick Warren이 쓴 "목적이 이끄는 삶"*The*

*Purpose Driven Life*이 베스트셀러가 된 데는 다 이유가 있다. 사람들은 해답을 찾고 있다. 마크 트웨인Mark Twain이 노년에 했다는 말을 기억해야 한다. "한 사람의 삶에서 가장 중요한 두 날은, 그가 태어난 날과 태어난 이유를 알게 된 날이다." '왜'라는 질문의 답을 알면 인생이 바뀐다. 그러니까 잠깐 삶의 속도를 늦추고 마음의 소리를 경청해 보라.

- 왜 여러분은 이곳에 있을까?
- 왜 여러분은 살아 있을까?
- 왜 여러분의 교회가 존재할까?
- 왜 여러분의 교회는 그런 방식으로 일할까? 알아야 모든 것을 바꿀 수 있다.
- 왜 여러분이 이 책을 읽는지 알고 있는가?
- 왜 여러분은 하나님의 나라를 섬기나?

'왜'라는 질문으로 끊임없이 돌아가서 되물을 수 있도록 훈련하여야 한다. '왜'라는 질문을 기록해야 한다. 이 연습을 게을리하지 마라. 이 질문이 모든 것을 변화시킬 것이다.

나는 일 중심의 사람이다. 아주 그렇다. 관계 지향적이며 상냥하고 친절하며 그리스도를 닮은, 인내심 많은 내 아내 테레사가 잘 알고 있다. 내가 타고난 기본 성향은 '어떻게'의 문제로 재빠르게 옮겨간다. 앞서 이야기 했듯이 나는 잘못된 상황을 바꾸는 일을 한다. 그게 내가 하는 일이고, 그래서 신학교에서 날 곁에 둔다. 그들이 내게 문제나 과업을 주면 나는 문제를 해결할 방법을 찾는다. 내 본성은 '어떻게'의 문제에 서둘러 달려든다.

그래서 올바른 질문을 올바른 순서에 맞춰서 일해야 한다는 놀라운 원리를 깨닫기까지 성숙하도록 도우신 하나님께 감사드린다. 여러분도 '왜'라는 질문을 던지는데 훈련되기를 강력히 원한다. 여러분은 하나님의 목표를 좀 더 분명히 보게 될 것이고, 그 목표에 집중할 것이며, 더 강해져서 인내를 가지고 목표를 따를 수 있게 될 것이다. 훈련을 하면 효과가 나타난다. '왜'라는 질문은 여러분이 사고하고, 계획하고, 평가하는 새로운 방식이 되어야 한다. 하지만 이것이 쉽지는 않다. 여러분이 이 훈련을 하면서 다른 사람도 훈련시켜야 하기 때문이다.

하나님께서 주신 교회의 궁극적인 사명

그 사명은 무엇일까? 하나님께서 주신 사명? 어디에서부터 어떻게 답을 구해야 할지 신중해야 한다. 브레드 웨고너Brad Waggoner 박사는 말하였다. "예수님의 지상명령을 수행하는 지도자는 '성공'이라는 것이 교회가 왜 존재하는지에 대한 명확한 신학적 이해를 통해서만 평가될 수 있다는 사실을 알고 있다." 교회가 왜 존재하는지에 대한 성경적 답변은 무엇일까?

교회의 건강함을 추구함에 있어 우리의 궁극적인 사명은 하나님께 영광을 돌리는 것이지, 우리 자신의 왕국을 만드는 것이 아니다. 아마 이런 말을 전에도 들어보았을 것이다. 여러분은 그렇게 가르친 적이 있거나 설교한 적도 있을 것이다. 하지만 하나님께 영광을 돌리는 이 사명은 반드시 실질적으로 무엇인가를 나타내야만 한다. 교회 현수막이나 자동차에 붙이는 스티커, 교회 주보 맨 앞 장의 문구보다 더 의미 있어야 한다. 여러분의 교회 구성원들이 그 궁극적인 사명을 잘 이해하고, 자신들의 삶에서 그것이 무엇을 의미하고 어떻게 나타나야 하는지 알아야 한다. **그 사명에는 공통 가치가 자리잡고 있어야 한다.**

궁극적인 목표가 하나님께 영광을 돌리는 것이라면, 그 방법과 과정이 중요하다. 우리가 왜, 무엇을, 어떻게 해야 하는지가 중요하고, 어떤 방식으로 무엇을 어떻게 할 것인지가 중요하다. 기대하는 것이나 동기 부여, 우리의 믿음과 생각과 느낌도 중요하다. 우리의 손이 아니라 마음 속에 무엇이 있는지도 중요하다. 교회의 건강함을 추구함에 있어서 그 종착역 뿐만 아니라 과정을 이해하는 것도 중요하다.

어쩌면 내가 그 끝에 도달하지 못할 수도 있지만, 오늘 거치고 있는 과정과 앞으로 거치게 될 과정의 방식이 중요하다. 매 순간이 중요하며 궁극적인 목표의 공통 가치가 매 순간을 움직여 가야 한다.

하나님께 영광을 돌리는 방법 중 하나는, 예수님의 지상명령을 수행하기 위해 하나님께 쓰임을 받도록 해 달라고 의식적이며 지속적으로 구하는 것이다. 하지만 지상명령의 수행이란 목표를 고려하더라도, 우리의 궁극적인 사명이 교회를 개척하거나, 새롭게 하거나, 성장시키거나, 잃어버린 영혼이 구원받는 것을 보는 것만은 아니라는 사실을 알아야 한다. 나는 이런 일들이 일어나기를 정말 간절히 원한다. 예를 들어, 나는 믿지 않는 이들이 그리스도께 오기를 청하고 바랄 것이다고후 5:20. 나는 선교학 박사 학위까지 가지고 있고, 선교와 복음 전도를 가르치고 있다. 가르치는 것 뿐만 아니라 실제로 실천도 한다. 하지만 성경적으로 바라본다면, 나는 복음 전도나 교회 성장의 결과를 내 마음대로 할 수가 없고, 여러분도 마찬가지일 것이다. 하나님께서만 하실 수 있다. 하나님께서만 영혼을 구원하실 수 있다. 하나님께서만 죄인을 거룩하게 하실 수 있다. 물론 잃어버린 영혼과 참된 제자도를 추구하는 우리의 방법이 정말 중요하고, 그것은 반드시 하나님께 영광을 돌려야 한다. 이것은 사역의 전반적인 계획을 세우는 일과 사역 방법론에 핵심이 된다. 하나님께 영광을 돌리지 못한다면 목적이 수단을 정당화할 수 없다. 선교, 복음전도, 제자도, 새로운 기준을 세우는 일, 그리고 교회의 건강함 자체는 우리의 목표가 아니다. 이것들은 하나님께 영광을 돌리는 방편일 뿐이다. 이것을 잘 이해하는 것이 '왜'와 '누구'라는 근원적 질문에 도달하는 과정에서 차이를 만든다. 계속해서 훈련하고 집중해야 한다. 우리는 새로운 기준을 세워야 하며, 공통 가치가 필요하다.

사명에 충실하다는 것 : 두 가지 관계

우리는 어떻게 하나님이 주신 사명을 수행하며 살 수 있을까? 순종적이고 사명을 좇는 삶은 두 가지 관계에 집중하여야 한다. 첫 번째 관계는 자연스레 두 번째 관계로 옮겨간다. 사실 두 번째 관계는 첫 번째 관계를 기반으로 세워지고, 첫 번째 관계에 완전히 기댄다. 두 번째 관계는 첫 번째 관계가 넘쳐남에서 파생한다. 따라서 첫 번째 관계가 견고하고 건강할 때 두 번째 관계도 존재할 수 있다. 개인적으로 나는 첫 번째 관계를 의지적으로 형성할 때 두 번째 관계도 더욱 의지적으로 형성하게 될 것이라 생각한다. 성경적으로 사명을 수행하려면 반드시 두 가지 관계를 형성하여야 한다.

(1) 하나님과 그분의 백성들과 맺는 의지적 관계, 그리고 그로 인해
(2) 세상 및 세상 사람들과 맺는 의지적 관계

다시 말하지만, 여기에 복잡할 것은 없다. 이 원리는 기본적인 것 같지만 교회 지도자들과 성도들이 이해하고 살아가는 방편으로 교육되는 경우가 흔치 않다. 우리는 이 관계에 대해 좀 더 깊이 생각해 보아야 한다. 이 두 관계가 분명히 나타나는 성경 구절을 살펴보겠다. 마태복음 22:37, 39에서 예수님은 두 개의 가장 큰 명령을 가르치셨다. 첫째로 "예수께서 이르시되 네 마음을 다하고 목숨을 다하고 뜻을 다하여 주 너의 하나님을 사랑하라"고 말씀하셨다. 이 명령은 첫 번째 관계에 대한 가르침을 담고 있고, "네 이웃을 … 사랑하라"는 구절은 두 번째 관계에 대해서 말하고 있다.

우리의 전全 존재로 하나님을 먼저 사랑하지 않는다면, 우리는 이웃을 올바로 사랑할 수 없을 것이다. 두 번째 관계는 늘 첫 번째 관계가 주도하고 결정한다. 세상과 세상 사람들을 향한 나의 관계는 하나님과 하나님의 사람들, 그리고 교회를 향한 내 관계의 건강함과 풍성함이 결정짓는다. 내 이웃들에 대한 나의 태도는 내가 하나님을 너무 사랑하여 그 넘쳐 흐르는 사랑으로 그들을 대하고 사랑하는 데 달려 있다. 하나님과 맺는 개인적인 관계가 아주 중요하다.

베드로전서 3:15에서 베드로는 "너희 마음에 그리스도를 주로 삼

아 거룩하게 하고첫 번째 관계, 너희 속에 있는 소망에 관한 이유를 묻는 자에게는 대답할 것을 항상 예비하되 온유와 두려움으로 하고두 번째 관계"라고 말씀하고 있다.

이 구절이 흥미로운 것은, 사람들이 이 구절의 후반부를 자주 인용하지만 정작 전반부는 잘 모르는 것 같다는 것이다. 그리스도께서 우리 삶의 전全 영역에서 참된 주인이 되시지 않는다면, 베드로전서 3:15에서 말한 것처럼 우리 자신을 변호하거나 바른 말을 할 수 없을 것이다. 우리는 우리의 희망과 말, 소망의 이유를 답할 때에 전적으로 성령을 의지해야 한다. 모든 것은 나와 여러분이 하나님과 동행하는 데에 달려 있다.

교회를 새롭게 세우고 교회를 건강하게 하는 과정에 있어 그리스도가 우리 삶의 주님이라는 사실이 거의 강조되고 있지 않는다는 점이 안타깝다. 교회를 새롭게 세우는 것은 그리스도를 따르는 개인을 새롭게 하는 것이다. 회중의 건강은 성도 개인만이 아니라 교회 지도자의 건강도 포함한다. 교회를 새롭게 세우는 것은 개인의 부흥과 회복이다. 교회가 새롭게 세워진다는 것은 하나님을 향한 우리의 사랑이 커지고 깊어져서 다른 사람을 사랑하는 우리의 역량이 커지는 것이다.

마태복음 28:18-20에 있는 지상명령을 살펴보면 하나님과 맺는 관계와 세상과 맺는 관계가 잘 드러나 있다: "하늘과 땅의 모든 권세를 내게 주셨으니관계 1 그러므로 너희는 가서 모든 민족을 제자로 삼아 아버지와 아들과 성령의 이름으로 침례세례를 베풀고 내가 너희에게 분부한 모든 것을 가르쳐 지키게 하라관계 2 볼지어다 내가 세상 끝날까지 너희와 항상 함께 있으리라 하시니라."

지상명령에는 '지지대'가 있다. 우리가 가서 제자를 삼고, 침례세례를 주고, 그리스도께서 우리에게 가르치신 것을 가르칠 수 있는 유일한 방도는 주님의 힘과 임재이다. 그리스도께서 모든 권세를 갖고 계시며 우리와 늘 함께 계시기 때문에 개인 전도, 제자도, 세계 선교가 가능하다. 그리스도가 계시지 않는다면 우리는 아무 힘도 없는 외톨이일 뿐이다. 나는 사람들을 구원할 수 없다. 그리고 사람들을 구원하는 것이 내 직업도 아니다. 내가 맡은 과제는 구원하시는 권세를 가지고 계신 그리스도를 집중해서 지속적으로 증언하는 것이며, 결과는 그분께 맡기고 신뢰하는 것이다.

이와 같은 적절한 틀과 이해 없이 지상명령의 성취를 위해 취하려는 방법과 실천이 과연 주님이 찾으시고 주님께 영광을 돌릴 만한 것이 될지 모르겠다. 우리 힘만으로 사역을 하고 있기에 우리에게 힘이 없는 것이 아닐까? 하나님은 분명 우리의 정직한 열망과 노력에 기뻐하실 것이다. 그분은 오래 참으시고, 자비로우시며, 사랑의 하나님이시다. 그러나 어떻게 하면 우리가 더 잘 할 수 있을까? 목회자나 교회 지도자로서 우리 자신의 삶을 먼저 새롭게 세워 나가야 한다.

복음전도와 제자도

나는 개인적으로 완전한 복음 전하기를 추구한다. 모든 교회가 지상명령을 완전히 성취하도록 온 세상에 완전한 복음이 전파되면 좋겠다. 지상명령이 말하는 바를 빠짐 없이 숙지하려면 그와 관련한 모든 성경 본문을 연구해야 한다. 마태복음 28:18-20, 마가복음 16:15-18, 누가복음 24:46-49, 요한복음 20:21-23, 사도행전 1:8을 보면, 여러분은 복음 전도와 제자도의 조합을 발견할 것이다. 복음전도와 제자도는 서로의 연장선이자 성취이다. 절대 멈추지 않는 순환이나 나선과 같다.

우리에게 복음 전도를 하는 열정이 부족한 것을 제자도에 우선성으로 두었다는 핑계로 정당화하지 말자. 교회 지도자들이 적은 성도수에 대한 변명으로 질적인 것을 내세우고는 한다. 하지만 교회가 양적으로나 질적으로 건강하다면, 그중 하나가 다른 측면으로 이어져서 다른 측면이 자연스레 풍성하게 된다. 내가 주님께서 우리에게 명하신 모든 것을 가르쳐야 한다면, 복음과 더불어 복음을 전하는 방법도 함께 가르칠 것이다. 내가 이웃을 진정으로 사랑한다면 하나님이 그들을 구원하실 것이라며 간절하게 그들에게 그리스도를 전할 것이며, 또한 그들이 똑같이 복음을 전할 수 있도록 그들을 교육할 것이다. 간단히 말해, 많은 교회들이 복음을 전하지 않는 것은 성숙하지 못하고 완전하지 못한 제자도의 모습이다. 여러분이 '나는 제자도에 더 깊이 들어가고 있지만 개인 전도에는 그렇지 못하다'고 생각한다면, 여러분은 한 발짝 물러서서 자신의 제자도의 성경적 깊이와 본질을 가늠해 보아야 할 것이다. 내 생각에 그것은 완벽하지도 완전하지도 않을 것 같다.

내가 진정으로 하나님의 목표에 충실하다면 그리스도의 모든 가르침을 가르치고 지상명령을 삶으로 살아내야 하며마 22:37-40; 막 12:29-31, 위대한 헌신이라 불리는 삶을 살아야 한다행 2:42-47. 이 전체성에는 균형이 필요하고, 의지가 필요하며, 집중이 요구된다.

우리는 균형의 가치를 반드시 이해해야 한다. 다음 질문을 여러분과 여러분이 섬기는 회중에게 해 보시기를 바란다.

- 여러분은 모든 민족에게로 향하고 있습니까?
- 여러분은 침례(세례)를 베푸십니까?
- 여러분은 그리스도께서 명하신 모든 것을 가르치십니까?
- 여러분은 진실로 모든 것을 다스리는 예수님의 힘과

권세, 그리고 그분의 임재를 의지합니까?

- 우리는 우리의 온 영혼과 존재로 그분을 사랑합니까? 그래서 하나님께 영광을 돌리는 방도로 우리의 이웃을 진실되게 사랑합니까?
- 우리는 교회입니까, 아니면 교회의 일부인 척합니까? 왜 그렇고, 아니면 왜 그렇지 않습니까?

나는 균형 잡힌 성화와 복종, 그리고 마땅히 받으실 영광이 그리스도께 돌아가기를 기도한다.

구약에서 하나님은 세상에서 빛이 되도록 이스라엘을 불러내셨다. 이스라엘 백성들, 장막, 율법, 그리고 성전은 모두 목적을 성취하기 위해 계획된 것이었다. 여러 목적 중에서 이들은 인류가 하나님과 함께, 또 하나님을 위해 사는 것이 어떤 것인지 온 세상이 보고 이해할 수 있는 실례實例와 같은 것이었다. 이것은 모든 움직임이 중심으로 가까워지는 구심적 형태이다. 즉 세상이 이스라엘 백성, 장막, 율법, 그리고 성전으로 가서 이것들을 보고, 결국 예수님에 관한 증언을 확인하기 위해 예루살렘으로 향하게 한 것이다.

하지만 예수님과 바울은 이 모든 것을 바꾸어 놓았다. 지상명령을 보면 예수님은 우리가 중심에서 멀어지는 원심적 모델로 옮겨가도록 하셨다. 잃어버린 영혼들이 인류가 하나님을 만났던 건물인 성전으로 가도록 하는 대신에, 우리가 성령이 거하시는 성전이 되게 하셨다 고

전 3:16. 성전이 잃어버린 세상으로 나아가는 것이다. 우리는 그들에게 증언한다. 이것은 방향과 자세, 움직임, 사명의 완벽한 전환이다.

안타깝지만 오늘날 많은 교회들은 중심에서 멀어지는 원심형이라기보다, 중심으로 가까워지는 구심 형태에 머물고 있다. 그들은 먼저 움직이고, 배가하고, 다가가는 대신 여전히 "여러분들, 교회로 오세요"라는 사고방식을 고수하고 있다. 마치 이스라엘 백성들이 하나님과의 관계를 사장하고, 왜곡하고, 올바로 하지 못함으로 부르심에 따라 살지 못한 것처럼 오늘날 많은 교회들도 그렇게 하고 있다. 나는 이따금씩 구약의 이스라엘 백성들과 오늘날 교회를 비교하고는 한다. 우리는 우리가 왜 존재하는지, 그분이 누구이신지, 우리가 무엇을 해야 하는지도 잊었다. 그래서 우리의 '무엇'과 '어떻게'라는 질문은 왜곡되었고 호도되었다.

우리는 후기 포스트모던 시기인 지금, 여전히 잃어버린 영혼들이 첨탑과 화려한 표지판이 있는 예배당에 스스로 정기적으로 방문했던 이전 기독교 문화에 머물러 있지 않은가? 우리는 아주 포스트모던한 환경에서 낡은 근대 기술 전략을 세우며, 어떻게든 좋은 옛 시절을 재현하고 싶은 것일까? 과거가 너무 그리워서 현재 우리에게 보이는 잃어버린 영혼들의 모습을 놓치고 있는 것은 아닐까?

우리는 교회와 교회의 목적이 누구에게 달렸는지, 교회를 통치하시는 분이 누구이신지 꼭 기억해야 한다. 마태복음 16:18에서 예수님은 우리에게 청지기적 소유에 대해 말씀하신다. 교회는 주님의 것이기에 주님께서 세우실 것이다. 음부의 권세가 교회에 만연치 못하는 것은, 교회가 주님께 속해 있고 교회 성장의 책임이 주님께 있기 때문이다. 교회는 언제나 주님의 것이며 우리 또한 마찬가지이다. 그분은 우리를 사셨고 우리를 구원하셨다. 우리는 그분의 몸이자 신부이다. 예수님은 주인으로서 자기 교회를 세워 오셨고, 지금도 그러하시다.

여러분의 것은 없다. 심호흡을 한 번 하라. 잠시 이 책을 내려 놓고 잠잠히 있어 보라. 심호흡을 하고 여러분 스스로 삶을 영위하지 않았음을 기억해 보라. 여러분이 자기 자신의 삶을 꾸리고자 했더라도 그대로 되지는 않았을 것이다. 모든 호흡과 심장소리가 은혜의 선물이다. 여러분의 삶은 여러분의 것이 아니다. 여러분은 잠시 잠깐도 주님이 될 수 없다. 여러분은 피조물이며, 주님께서 값을 치르고 사신 바 된 존재이다고전 6:20. 이제 여러분이 사는 것이 아니라 그리스도께서 여러분 안에 사시는 것이다갈 2:20. 여러분이 가진 모든 것, 여러분이 삶에서 사용하는 모든 것이 선물이다.

교회도 다르지 않다. 여러분은 교회를 세우지 않았다. 우리가 교회라는 것을 기억하라. 종종 우리가 예배하는 장소를 교회라고 지칭하는 것은 이해할 만한 일이다. 우리는 교회를 사랑하고, 교회에 충심을 느끼고, 교회를 보호하고, 교회가 성장하도록 돕는다. 하지만 때때로 우리의 주인의식이 우리를 잘못된 방향으로 인도하기도 한다. '내 주일학교,' '내 소모임,' '내가 앉는 자리,' '내가 일하는 방식'과 같은 류의 생각은 우선 순위를 왜곡할 수 있다. 나는 복음성가와 찬송가의 비율, 교회 카펫이 깨끗한 상태인지 여부, 근처에 사는 주민들이 구원 받았는지보다 교회에 자기 자리를 맡아 놓았는지에 더 신경 쓰는 성도들을 여럿 알고 있다.

좋은 청지기로서 우리는 주님께서 우리에게 양도하신 책임에 대해 생각하고 그 책임을 다하는 것에 관심을 쏟아야 한다. 우리는 우리의 육체를 돌본다. 또한 교회 시설을 돌보고 예배당을 돌보기 위해 최선을 다한다. 하지만 우리는 또한 물질적인 것이 영원하지 않다는 사실도 잘 알고 있다. 물질은 영원한 것을 얻고 궁극적인 목표를 더 잘 성취하기 위한 도구이다. 물질적인 것은 매개체이지 목적이 아니다. 목적과 방법이 종종 헷갈리게 마련이다. 우리의 최우선은 영원히 지속될 것들에 있어야지, 잠시 잠깐 이곳에 존재하는 것들에 있어서는 안 된다. 이 성경의 역학을 이해하는 것이 교회의 건강함과 올바른 성장에 필수적이다.

요한복음 15:5은 도전이 되는 말씀이다. 주님은 포도나무이고 우리는 가지일 뿐이다. 어떤 열매라도 맺는다면, 그것은 우리가 그분

곁에 거했기 때문이다. 우리는 그리스도와 멀어지면 아무것도 할 수 없다는 것을 기억해야 한다. 우리는 진정한 주인 곁에 머물러야 한다. 하지만 교회가 이 사실을 늘 믿지는 않는다. 나는 '소매를 걷어붙이고 할 수 있는 일들에 충분한 돈과 노력을 기울이면 된다'는 식의 태도를 가진 사람들을 많이 보아 왔다. "우리가" 가지고 있는 것, "우리가" 할 수 있는 것. 이것이 우상숭배다. 우리는 "내가 주인"이라고 생각하는 죄 만큼, "내게 능력이 있다"고 생각하는 죄도 피해야 한다. 주님이 하실 수 있고, 내 자신의 힘과 능력으로는 할 수 없다. 주님께서는 여러 역할로 섬기도록 우리를 사용하시지만 결국 교회는 주님의 것이고 주님께서 성장시키실 것이다. 성장시키시는 것은 주님의 역할이고, 우리는 주님께 완전히 의존할 뿐이다.

나는 한 교회에서 청빙을 받았는데, 6년간 그 교회에 부임한 네 번째 목사였다. 그 교회의 평판과 역사는 아주 나빴다. 그들은 재차 분열했고, 큰 시설을 짓기 위해 대출을 받은 뒤 막대한 빚을 진 상태였다. 그 교회는 매주 금요일에 두 자리 율의 이자를 은행에 갚아야 했고, 돈을 갚는 것을 버거워 했다. 교회에는 직원도, 안수집사도, 사역자도, 사명도, 예산도 없었다. 그들은 대출금을 갚기 위해 교회 승합차와 가구를 팔았지만 빚을 갚기에는 역부족이었다. 성도 수가 줄어서 주일 아침 큰 예배당에는 상처 받은 몇 사람만이 앉아 있었다.

힘든 상황이었다. 사실 내가 부임하기 전에 끝난 교회 운영위원회 모임은, 안수집사가 내 바로 앞에 부임했던 목사에게 거짓말쟁이라고 하고 모든 사람이 보는 주차장에서 주먹다짐을 하는 것으로 회기를 마감하기도 하였다. **참고로, 목사가 이겼다는 얘기를 들었다. 자, 몇 분 목회자들께서는 꿈에서 깨시고 계속 읽어 나가시기를 바란다.**

아마 여러분은 내가 미쳤다고 소리 내어 말씀하실지도 모르겠다. 하지만 나는 하나님이 원하시는 것과 그분의 계획을 알고 있었다. 많은 기도와 간구를 통해 교회를 향한 그분의 목적을 확신했다. 어느 날 밤 어둑한 교회 친교실에서 무엇을 해야 할지, 다음에 무엇을 해야 할지 몰라 홀로 울고 있던 심각한 시기에, 주님께서 내 마음에 마태복음 16:18과 요한복음 15:5을 떠오르게 하셨다. 그것으로 충분했고, 주님만으로 충분했다. 주님께서 계획을 수행하고 계셨기에 우리는 그분께 합류했다.

5년도 되지 않아 내가 부임한 교회는 북미에서 가장 효율적으로 전도하는 교회 중 하나로 인정받았고, 그 주州에서 침례세례를 가장 많이 주는 열 개의 교회 중 하나가 되었으며, 연구하고 프로젝트를 수행하는 것이 교회의 특징이 되었다. 거의 매주 새롭게 구원받는 사람들이 있었고, 장기간 출석하지 않는 이들은 제명하였다. 90%가 넘는 이들이 제자 훈련 과정을 버텨냈다. 사실 내가 두 개의 남침례교 신학교에서 섬기며 지금 이 책을 쓸 수 있는 것도, 그 경험과 그 이후로 겪은 일들 덕분이다.

어떻게 그런 일이 일어날 수 있었을까? 더 좋은 질문은, '왜' 그런 일이 벌어졌는가 하는 것이다. 그것이 가능했던 것은, 그것이 하나님의 계획이었기 때문이었다. 우리는 필사적이었고, 우리가 나아가야 할 길을 아시는 한 분께 의지할 수밖에 없었다. 하나님은 우리의 매 걸음을 인도하셨다. 우리는 아주 분명한 계획을 가지신 왕을 섬기고 있다는 것을 절대 잊어서는 안 된다.

두려움, 사랑, 그리고 가치

지금 내가 말씀드리려 하는 것이 여러분에게 알려드릴 것 중에 가장 중요할 것이다. 그러니 주의 깊게 들으시기를 바란다. 나는 이것을 오래전에 동료 선교사들에게서 들었고 종종 사람들과 나누기도 했다. 이것은 삶과 사역에 대해 많은 부분을 일깨워 주었고, 일상에서 사람들을 어떻게 대해야 하는지 지침이 되어 주었다. 또한 교회, 교회 구성원, 지도자들이 건강하지 못한 주된 이유 중 하나이자, 교회가 그 임무를 완수하도록 하는 요소가 되기도 한다.

가치를 결정짓는 두려움과 사랑의 관계

다시 한 번 설명해 보겠다. 잘못된 두려움과 사랑이 거의 모든 죄의 근원이다. 우리가 잘못된 것을 두려워하거나 잘못된 것을 사랑하고 있다면, 우리는 문제를 향해 가고 있는 것이다. 두려움과 사랑은 우리 삶에 큰 영향을 끼치는 영역이다. 이 영향은 우리의 가치 체계까지 결정짓는다. 무슨 뜻인지 설명해 보겠다.

두려움은 숭배 행위이다. 내가 어떤 사물이나 사람을 두려워한다면, 그것은 내 삶의 권위를 그 두려워하는 대상에게 내어 주는 것이다. 그것에 경의를 표하고 그것에 복종하는 것이다. 성경의 거의 모든 책에 "두려워 말라"는 말이 있는 이유도 이 때문이다. 다시 말해 성경은 우리에게 잘못된 것을 숭배하지 말라고 권고하고 있는 것이다. 이것은 또한 우리가 왜 하나님만 두려워해야 하는지 가르치는 이유이다. 두려워하는 것은 예배의 행위, 우리 삶의 안팎으로 주님의 권위를 인정하는 행위이다. 우리가 어떤 물체나 사람을 하나님보다 더 두려워할 때 우상숭배자가 되는 것이다. 어떤 사물이나 사람을 권위의 자리에 앉히는 것이다. 그것이 우리를 다스리도록 힘을 주는 것이며, 그것이 본래 가지고 있는 것보다 더 큰 가치를 부여하는 것이다.

사랑의 경우도 비슷하다. 내가 하나님보다 어떤 것이나 사람을 더 사랑한다면, 나는 우상숭배의 죄를 범하는 것이다. 십계명의 첫째 계명을 다시 읽어 보라. 우리는 그분보다 더 사랑할 수 있는 것이 없다. 우리 자신을 포함해서 말이다. 내가 사랑하는 것에 경의를 표하게 된다. 그것에 권위를 부여하고, 집중하며, 우선권을 준다. 내가 사랑하는 것에 내 최상의 시간과 에너지를 쏟는다. 나는 그것을 소중히 여긴다. 잘못된 사랑은 잘못된 예배로 이어진다. 죄는 마치 교만과 같이 잘못된 두려움과 잘못된 사랑의 왜곡된 조합이다.

어떤 이들이 정말로 사랑하거나 두려워하는 것이 무엇인지 파악한다면 나는 그들을 이끌거나 조종할 수 있다. 이것은 정말 멋진 일이거나 악한 일이 될 것이다. 독재자들은 수세기 동안 이러한 방식을 사용했다. 사탄 또한 그렇다. 하나님께 영광 돌리는 것보다 더 가치를 두는 어떤 일도, 하나님을 찬양하는 것보다 더 걱정하고 근심하며 두려워하는 어떤 것도 우리를 잘못된 길로 인도하여 우리에게 해악이 될 수 있다. 이런 일들이 교회에서 자주 발생한다. 회중은 집단적인 사랑과 두려움을 가지고 있다. 이것은 대단한 권위를 가지는 것이다. 여기에 아주 큰 가치가 부여된다. 전통과 금송아지는 큰 애정 혹은 공포라는 우상이 된다. 지금 많은 교회가 금송아지를 조각하던 시내산 자락에서 멀지 않은 곳에 있는 것 같아 두렵다.

이는 교회 성도들 개개의 삶에 있어서도 마찬가지다. 나는 자신의 두려움과 사랑을 온 회중에게도 전염시키는 불량한 교인들을 많이 보았다. 사람들이 이렇게 행동하는 데에는 이유가 있다. 이런 사람들이 보이는 잘못된 사랑과 두려움에 사로잡혀서는 안 된다. 잘 분별해야 한다. 항상 왜 그래야 하는지 이유를 물어보라. 왜 그런 사람들이 그렇게 행동하고 그렇게 믿는지 물어보라. 그들이 그렇게 행동하도록 만드는 두려움과 사랑이 무엇인지 물어보라. 이런 식으로 그들을 바라보는 것이 저들의 주관적 의견 때문에 생기는 갈등에 빨려 들어가지 않고 성경적으로 객관적 상태를 유지하는데 도움이 될 것이다.

예를 들어, 사람들이 복음을 전하지 않는 가장 큰 이유는 두려움이다. 교회 성도들이 살아 계신 하나님이 어떻게 생각하실지보다는 잃어버린 영혼들이 자신들을 어떻게 생각할지를 더 두려워하는 것이다. 잘못된 사랑과 두려움은 사명을 가진 우리 삶을 방해하고, 왜곡하며, 시들하게 한다.

"사랑 안에 두려움이 없고 온전한 사랑이 두려움을 내쫓나니"라는 요한일서 4:18의 말씀은 정말 옳다. 하나님의 완벽한, 완전히 성숙한 아가페 사랑, 어떤 일이 있어도 우리를 사랑하시는 하나님의 무조건적이고 의지적인 선택이 모든 것을 변화시켜야 한다. 온 우주의 하나님이 완전한 방법으로 우리를 사랑하고자 완전한 의지적 선택을 하셨다는 것을 온전히 이해한다면, 부정적인 두려움에 여지를 두지 않고 그것들을 모두 밀어낼 수 있을 것이다. 우리가 앞서 다룬 하나님과의 관계가 모든 것을 변화시킨다는 사실을 기억하라.

이런 사랑과 두려움의 조화로 우리는 우리가 소중히 여기고, 우리가 소중하게 여겨진다고 느끼게 하는 대상을 만들어낸다. 그것이 좋던지 나쁘던지 간에 말이다. 나에게는 무엇이 중요하고, 무엇이 핵심적이며, 무엇이 필요한가? 어떤 이들은 사명 중심적이다. 그들은 하나님 나라를 위해 놀라운 일들을 성취한다. 어떤 이들은 자기 내면에 집중하여 단순히 소비하고 분위기를 흐트러뜨린다. 그들은 하나님께 관심을 기울이고 찬양하기보다는 지속적인 관심과 칭찬을 요구한다. 우리는 돈과 시간, 최상의 에너지, 자원, 신념을 가장 가치 있게 여기는 것에 쓴다. 어떤 사람들은 돈을 이타적으로 사용하지 않고 이기적으로 사용한다. 이렇게 일관된 기준에 기반한 관점으로 관찰하기 시작한다면 사랑과 두려움의 관계를 거의 매번 보게 될 것이다.

이와 같은 방식을 가르치고 알려주어야 한다. 사람들이 잘못된 사랑과 두려움을 가늠하고 알아차릴 수 있도록 도와주라. 그리고 그 반대도 가르쳐야 한다. 사람들이 경건한 사랑과 두려움 또한 받아들이도록 가르치라. 자신이 존재하는 이유와 목적에 다다르게 하는 힘에 대한 참된 이해는 경건한 사랑과 두려움에 대한 가르침에서 나올 것이다.

나는 한때 불량한 교인이 있던 교회를 섬긴 적이 있다. 그는 은퇴한 나이 많은 신자였는데, 여러 해 동안 평신도 지도자로 다양한 직분을 맡고 있었다. 모든 사람들이 그에 대해 알았다. 그는 관계 맺는 것에 서툴렀고, 자신이 내린 모든 결정과 기준을 모든 사람이 함께 따르도록 하는 것이 자신의 의무라고 느끼는 사람이었다. 무엇이든 바로잡고자 하는 그의 성향은 언제, 어디서든 사람들을 공격했다. 그는 복도, 예배당, 주차장에서 사역자나 평신도 지도자, 성도, 심지어는 아이들까지 공개적이고 큰 소리로 비난해 댔다. 전임 목회자들은 모두 그와 마주해야 했는데, 여전히 그에 대한 이야기를 한다. 그는 이 교회를 아는 사람들에게 전설 같은 존재였다. 다른 성도들은 그저 "아, 존이잖아요. 원래 그런 사람인데요. 아무도 신경 쓰지 않아요."라고 말하였을 것이다.

하지만 문제는, 모든 사람이 그의 말을 들어야 했다는 것이다. 그는 모임과 대화를 주도했고, 어느 정도 공포 분위기도 조성했다. 어느 누구도 그에게 반대하는 위험을 무릅쓰려 하지 않았다. 이런 사람이 있는 회중 정치에서는 존과 같은 소수가 잘못된 결정을 강요할 수 있다. 그는 교회에 상처를 주고 있었다.

나는 신임 목회자로써 이러한 상황과 마주해야 했다. 나는 그가 아주 비성경적인 방법으로 교회 사역자들을 공격한다고 들었다. 그래서 그를 교회 사무실로 불렀다. 교회 사역자와 교회에 대한 그의 세세하고 개인적인 생각보다는 그가 왜 그런 식으로 행동했는지 더 궁금했다. 나는 그에게 있는 두려움과 사랑에 대해서 이야기를 나누었고, 그에게는 어릴 적부터 아주 엄격했던 아버지가 있었다는 것을 알게 되었다. 그의 아버지는 쟁기를 묶은 뒤 존을 노새처럼 당기기까지 했단다. 존은 왜곡된 '의로움'이라는 영적 역학에 빠져 오래 전에 죽은 아버지를 기쁘게 하고자 평생 애쓰고 있는 것 같았다. 실제로 존은 교회에 상처를 주면서도 자신이 교회를 보호하고 돌본다고 생각했다. 나는 그를 교회의 장애물로 여기기보다, 수많은 고통을 다스리고자 궁핍한 방법을 찾고 있는 죄인이라고 생각했다.

그런 이야기를 나눈 지 얼마 지나지 않아 존은 어린 아이처럼 울었다. 그날 이후로 나는 존이 통제 불능 상태가 되었을 때 그만하라고 말할 수 있게 되었다. 한번은 존이 자제심을 잃고 교회 성가대가 보는 앞에서 음악 목사를 향해 소리치고 있을 때 성도 몇이 나에게 왔다. 그들은 내가 문제를 해결해 주기를 원했다. 이 교회의 지도자로서 나는 누구도 목회자들에게 그런 식으로 말하는 것을 허용하지 않을 것이라 존에게 전해 달라고 했다. 그들은 내 말대로 했고 결과는 놀라웠다. 불량한 성도들은 대부분 책임을 져야할 때 뒤로 물러난다. 이러한 책임은 단지 대인 사이의 마찰이 아니라 성경으로 설명되어야 한다. 성경적 두려움과 사랑이라는 이해의 틀이 객관적인 논의를 시작하도록 할 것이며, 토론을 할 수 있는 방법을 제공하고 희망적인 책임감도 안겨줄 것이다.

교회를 새롭게 세우고 건강하게 하는 일의 궁극적이고 성경적인 목표가 하나님께 영광을 돌리는 것이지 우리 자신을 영화롭게 하는 것이 아니라는 점을 이해한다면, 여러분은 내가 앞으로 제시하려는 과정의 맥락을 좀 더 구체적으로 이해할 수 있을 것이다. 이제 우리는 목표라는 중심에서 나선형으로 움직일 수 있다. 하지만 먼저 **왜** 교회를 새롭게 세워야 하고, 교회가 성장해야 하는지 분명히 이해해야 한다.

이러한 이해는 우리를 더 높은 가치로 인도하고 교회와 교회 구성원들이 공감하도록 만들어 줄 것이다. 이러한 공통 가치가 교회의 구성원이 되고 교회를 세우는 일에 더 좋고 건강한 방법을 마련하고 싶은 열망을 불러일으킬 것이다. 건강한 교회가 평범한 것이라는 새로운 기대를 만들어 낼 것이다. **그래서 우리는 새로운 기준이 필요하다!**

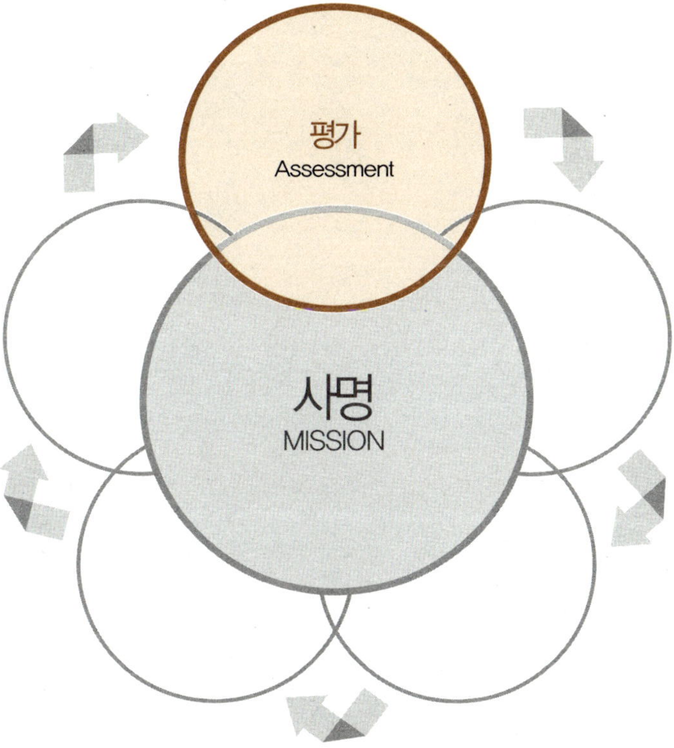
평가
Assessment
사명
MISSION

3장

제 1단계
- 평가

우리 임무의 동기를 파악하였으니 개구리 이야기를 해야겠다. 개구리 맞다. 들어 보시라. 개구리가 내가 말하려는 바와 연관이 있다. 생물학자들에 의하면, 어떤 특정한 다생물적 환경을 연구하고 관찰할 때 주요 종의 건강 상태를 연구함으로써 전반적인 생물학적 상황을 파악할 수 있다. 개구리도 여러 환경에서 이런 지표가 되는 주요 종 중 하나다. 개구리는 먹이사슬의 중간에 위치해 있는데, 곤충을 잡아먹어서 개체수를 유지하는데 도움을 주고, 또 많은 동물에게 잡아 먹히기도 한다. 개구리에게 이상이 생기면 다른 많은 동물과 식물도 자연스레 나쁜 영향을 받게 되는 것이다.

꿀벌도 건강한 환경을 나타내는 또 다른 지표이다. 꿀벌이 식물 수분을 도와야 식물이 자라서 식물을 먹는 동물 개체가 유지되는 식으로 이어진다. 게다가 꿀벌은 꿀도 생산한다. 벌이 없으면 먹을 것이 없게 되고, 맛 없는 비스켓을 먹게 될 것이다. 황소 개구리와 꿀벌이 이렇게 중요할 줄 누가 알았을까.

교회에도 개구리나 꿀벌 같이 교회의 건강함을 나타내는 몇몇 지표가 있다. 회중이 전반적으로 어떠한 상태인지를 연구하고 평가하기 위한 핵심 주제들과 질문들이 교회의 개구리와 꿀벌 역할을 한다. 이것은 영적 환경 전체에 관한 건강 지표다. 우리는 교회 자체와 교회가 처한 상황을 전반적으로 평가하고 정의하기 위해 이와 같은 중요한 범주들을 점검하여야 한다. 그러기 위해서 교회, 교회 지도자, 교회 구성원, 교회 공동체가 정말 잘 운영되고 있는지 현실에 대해 명확한 파악을 해야 한다. 또한 우리가 성취하고자 하는 목표와 기준, 기대하는 결과에 대해 명확하게 인지하고 있어야 한다. 그러지 않으면 어떻게 그 목표에 도달하여야 할지, 도달하고 있는지, 목표에 도달한 상태를 어떻게 지속할 수 있을지를 절대 알 수 없을 것이다. 따라서 우리의 여정은 평가로 시작해야 하고, 여러분은 끊임없이 평가를 이어가야 한다.

질적인 측면의 평가 작업

평가 작업 단계에서 우리는 회중과 회중이 속한 지역 사회를 평가한다. 다양한 공동체에 대해서는 조금 있다 설명하겠다. 평가는 양적인 측면과 질적인 측면 모두에서 이루어져야 한다. 이는 상당한 양의 연구와 노력을 필요로 한다. 힘들지만 이어질 네 단계의 토대가 될 기초를 마련하는 이 일에 시간을 쏟는 것이 중요하다.

교회를 위해서 일할 때 나는 질적인 측면에 관한 질문들을 던진다. 이 질문들은 종종 교회 지도자들의 허를 찌른다. 교회 지도자들이 이런 질문을 생각해 본 적이 없기 때문이다. 질보다 양에 집중하는 것이 훨씬 쉽다. 어떤 문제의 원인으로 숫자 탓을 하는 것은 쉽다. 무언가 계산하는 것이 늘 더 쉽다. 하지만 질적인 측면에 관한 질문들이 목표의 핵심으로 인도한다. 이 질문들은 현재 교회에서 공유된 가치를 정의하는 데 도움이 된다.

예를 들어, 가끔 나는 "여러분이 정말 교회입니까?"라고 묻는다. 목회자들은 보통 혼란스러운 표정으로 나를 빤히 쳐다본다. 보통 교회라 불리는 큰 건물 안의 사무실에 앉아 있기에 그들은 대개 "예"라고 대답한다. 그러면 나는, 그들이 정말 교회라는 것을 어떻게 알 수 있냐고 물어본다. 자신들이 교회라는 것을 어떻게 증명할지 묻는 것이다. 여러분이 교회인지 아닌지 어떻게 알 수 있나?

그러면 교회 건물, 표지판, 시설, 프로그램, 혹은 출석 성도 수에 대해 듣게 된다. 나는 목회자들에게 이것들 만으로는 올바른 답이 될 수 없다고 말한다. 그들이 왜 존재하며 무엇을 해야 하는지로 돌아가야 한다. 앞에서 다루었던 '왜'라고 묻는 훈련을 기억해 보라. 이러한 질문들에 대한 질적인 측면의 답변이 나올 것이다.

나는 보통 위와 같은 질문에 답할 수 있는 성경적 기준을 정립하고 소통했는지 목회자들에게 물어봄으로써 좀 더 깊이 이 주제로 들어간다. 다시 말해, 모든 구성원이 이해하고 가치를 두는 '교회에 대한 정의'가 있느냐는 것이다. 실제 행동에 영향을 미치고 그러한 이해나 실천에서 벗어났을 경우 책임을 져야 하는 기본 원리 말이다. **교회 구성원들이 자신이 속한 교회와 교회의 구성원 됨에 대해 생각하는 '공통 가치'가 있는가?**

여러분 자신과 여러분 교회의 지도자들에게 마지막으로 이런 질적인 측면의 질문을 한 것이 언제인가? 교회 지도자들은 건강하고 성경적인 교회론을 확고히 이해하고 있어야 한다. 이들은 끊임없이 교회가 왜 교회여야 하는지, 누가 교회인지, 교회란 무엇인지, 교회는 어떤 일을 해야 하는지와 같은 심오한 질문을 하고 답하여야 한다. 지도자들은 성경적 교회론을 가지고 성경이 말하는 불변의 기준을 정립하여야 한다. 성경에 "이것이 교회다"라고 쓰여 있지 않기 때문에, 신약 성경을 통틀어서 발견되는 성경적 교회와 교회 구성원에 대한 특징, 이미지, 묘사, 예들을 주의 깊게 연구해야 한다. 건강한 교회를 묘사하는 많은 책들이 있다. 나는 여러분이 그 책들을 읽고 공부하시기를 권하지만, 결국은 성경에 초점을 맞추어야 한다.

사도행전을 펼쳐서 예루살렘의 첫 번째 교회에서부터 안디옥 교회에 이르기까지 탐구해 보라. 그리고 서신서 저자들이 교회를 제자화하고, 훈련하고, 조직하고, 바로 세우기 위해 한 일들에 대해 읽어 보라. 의지를 가지고 집중해서 공부해야 한다. 하나님의 말씀이 전하는 바를 꼭 기억해야 한다. 이러한 성경 공부를 마치고 교회가 무엇인지 기억을 되살린다면, 지도자들은 자신들이 섬기는 지역 교회를 성경의 설명과 기준에 비추어 더 잘 비교할 수 있게 될 것이다. 교회와 교회 구성원에 대한 정의가 여러분의 교회와 성경의 기준을 비교하는 다림줄이 될 것이며, 공통 가치를 형성하는 기반이 될 것이다. 이것에 대해서는 다음 장에서 더 설명할 것이다.

내가 교회에 묻는 것이 또 있다. 정말 제자를 양육하고 있는가, 하는 것이다. 그러면 그들은 거의 늘 '그렇다'고 답한다. 그러면 나는 그것을 어떻게 아는지, 양육을 어떻게 정의하고, 또 어떻게 가늠하느냐고 받아친다. 그러면 종종 다시 나를 빤히 쳐다보다가 바닥을 바라본다.

여러분은 어떠한가? 여러분의 교회는? 여러분은 자신이 정말 제자를 배출하고 있는지 알고 있는가? 어떻게 알 수 있을까? 증명할 수 있을까? 양육을 어떻게 정의해야 할까? 이러한 질적인 측면에 관한 질문은 질적인 측면의 방법으로 답해야 하며, 교회 행사나 프로그램에 얼마나 많은 수가 참석하는지로 답할 수 없다. 이 평가는 정량적 측정을 넘어선다.

지도자들은 제자도에 대해 헤아리고 성경적으로 정의 내려야 한다. 질적인 측면에서 개인적 변화란 무엇일까? 제자도는 교회 구성원 됨에 관하여 어떻게 기준으로 작용할 수 있을까? 제자도의 정의를 여러분의 교회 구성원이 이해하는 방식에 맞게 발전시키고 전달해 본 적이 있었는가? 여러분의 회중은 제자도에 관한 공통 가치를 가지고 있는가? 제자도는 구체적으로 어떤 모습일까?

여러분은 여러분의 교회에서 성장하는 제자란 어떤 모습이어야 하며, 무엇을 알아야 하고 실천해야 하는지 정의 내린 적이 있는가? 나는 이것을 '성장하는 제자를 위한 핵심 역량'이라고 부른다. 이 역량에 대해서는 나중에 좀 더 다루겠다. 여러분은 교수법을 개발하고 이러한 유형의 목표가 성취되도록 실질적인 기회를 마련하였는가? 여러분 교회의 구성원들이 이 목표를 이해하고 있는가? 여러분의 주간 일정과 교회 일정이 목표를 성취하는데 우선순위를 두어 집중하고 맞추고 있는가? 교회 구성원들이 이 사실을 이해하고 있는가?

여러분은 반드시 교회, 교회 구성원, 그리고 제자도에 대한 성경적 정의를 정립하고 개발하여 가르쳐야 하고, 교회가 실천할 수 있는 지침을 마련하여야 한다. 목회자 혼자 알고 있는 것으로는 충분하지 않다. 나는 목회자들이 이러한 사항들을 너무 대략적으로 생각만 하는 경우를 보고는 한다. 부교역자들과 교회 사무실에 앉아 있을 때 그들에게 제자도에 관련한 질문들을 했는데, 지루해하는 것 같았다. 어떤 대답을 해야하는지 이미 오래 전에 배웠기 때문이다. 하지만 교회에 등록하기 원하는 성도들과 면담을 해 보면, 곧 그들이 제자도에 대해 전혀 알지 못하고 있다는 사실을 알게 된다. 쉽지 않고 많은 시간과 힘을 들여야 하는 일이 되겠지만, 목회자와 평신도 사이에 있는 이해도의 격차는 반드시 메워 주어야 한다. 가끔 "저희가 이미 성도들에게 말하였으니 알아들었을 거예요"라고 말하는 목회자들을 만나고는 한다. 이것은 순진한 생각이다. 예배가 시작될 때 강단에 설치된 스크린에 띄우는 한 장짜리 슬라이드나, 주보에 싣는 짤막한 글, 영상만으로는 부족하다. 제자도에 대한 성경적 정의는 집중해서 주의를 기울일 가치가 있는, 아주 중대한, 삶을 변화시키는 주제이다.

공통 가치

교회 지도자와 교회 구성원, 그리고 심지어 교회가 속한 지역 사회까지도 그 교회의 공통 가치를 이해하고 있어야 한다. 그들은 왜 자신들이 참석하고 프로그램에 적극적으로 관여하는 것이 중요한지 이유를 알아야 한다. 모든 교회 구성원은 왜 이 특정 지역 교회의 구성원이 되는 것이 자신들의 삶에 그리도 중요한지 명확히 이해해야 한다. 왜 소모임에 참석하는 것이 중요한지, 왜 자녀가 교회 사역을 도와야 하는지, 왜 교회 행사를 주최하고 섬겨야 하는지 이해하여야 한다. 우리는 이해하고 믿어야 한다.

또한 교회의 영향을 받는 지역 사회도 그 안에 있는 이 교회의 존재를 가치 있게 인식하여야 한다. 여러분이 속한 지역 사회가 여러분에 대해서 신경을 쓰고 있는지? 왜, 그리고 어떻게 신경 쓰고 있는지? 이런 것들이 교회의 건강함과 성장을 추구하는 과정에서 실마리가 된다. 공통 가치는 교회의 건강에 절대적으로 중요하므로, 여러분의 교회에 공통 가치가 있는지 생각해 보아야 한다. 이것이 정말 중요하기에 이 책의 부제로 삼은 것이다!

나의 아버지는 50여년 간 작은 마을에서 변호사로 일하셨다. 그는 매일 평범한 사람들과 일하셨다. 아버지는 내게, "존, 사람들은 자기가 하고 싶은 대로 한다"고 말씀하고는 하셨다. 나는 하나님이 우리를 통해 하고 싶으신 일을 단순하게 시키시기를 바라지만, 실상 우리는 일상 생활에서 말도 안 되는 일들을 하지 않는가. 2분이면 끝날 롤러 코스트를 타기 위해 2시간 동안 줄을 서고, 눈 내린 풋볼 경기장에 들어가기 위해 수십, 수백 만원을 쓰며, 손녀의 첫 번째 피아노 독주회를 보기 위해 미국 대륙의 반쯤 운전해서 간다. 정말로 사람들은 자기들이 하고 싶은 대로 한다. 사람들은 자신의 삶에 가치가 된다고 생각하는 것에 따라 행동한다.

앞서 언급했듯, 사람들은 소비를 한다. 소비하는 것은 돈을 사용하는 것이고, 돈은 가치를 나타낸다. 돈 말고 시간, 최상의 컨디션, 집중, 우선순위가 가치를 나타낼 수도 있다. 교회는 가치 있어야 한다. 사람들이 자신에게 가치 있는 것을 교회의 비전을 위해 기꺼이 내어 놓을 수 있을 만큼 가치 있어야 한다. 그렇지 않을 경우 사람들은 자신이 가진 가치를 다른 곳에 사용할 것이다.

우리가 원하는 것을 사람들에게 강요할 수는 없지만, 사람들이 교회가 무엇인지 핵심 가치를 이해하고 받아들이도록 도울 수는 있다. 우리는 그들을 가르칠 수 있지만, 동시에 성령만이 가져오실 수 있는 부담을 갖고 기도하도록 그들을 인도해야 한다. 나는 교회 지도자들에게서 성도들이 이런저런 교회 모임에 참석하지 않는다는 이야기를 듣고는 한다. 그 이유 중 하나는 사람들이 그 모임의 가치를 보지 못하기 때문이다. 모임의 수준의 낮다면 가치를 알아보고 이해하는데 도움이 되지 않는다. 문제는 사람이라기보다, 그들 삶에 어떠한 실질적 가치도 가져다 주지 못하는 프로그램에 있을 것이다. 왜 그런 모임에 사람들이 힘을 쏟겠는가? 여러분은 교회의 구성원과 지역 사회의 삶에 복음의 가치를 가져다 주는 것이 무엇인지 알고자 자신이 하는 일을 평가해 본 적이 있는가? 아니면, 교회 생활이 삶의 변화에 관한 것이라기보다는 예배 의식儀式에 관한 것이라는 생각, 혹은 더 나아가 전통적인 교회 행사 개념에 매여 있지는 않은가? 교회에 가는 것이 단순히 몸을 움직이는 것에 지나지는 않나? 무엇인가 바꾸기 위해 노력하거나 나서는 것이 가치 없다고 생각해서 이런 문제들이 알아서 사그라들기를 바라고 있나? 여러분은 무엇에 가치를 두고 있나?

부디 교회를 새롭게 세우는 것은 교회의 구성원이 새롭게 되는 것이고, 교회의 건강은 교회 구성원의 건강이라는 사실을 다시 한 번 기억하기 바란다. 교회 구성원 한 명 한 명이 성경적 기준을 배워야 한다. 교회 회중의 모임들이 잘 돌아가고 있는지 단순하게 묻지만 말고, 교회 각 구성원이 성경적 기준을 잘 지키며 사는지 물어야 한다.

정량적 평가 작업

숫자와 데이터에 관련된 정량적 평가는 질적인 평가보다 훨씬 더 수월하다. 하지만 정량적 문제들은 거의 대부분 질적인 문제의 결과라는 점에 유의해야 한다. 내부 요인이 아니라 외부 요인에 의해서 예외적인 경우가 발생하기도 한다. 예를 들어, 다수의 노동자나 세금 수익이 한 기업에 의해 좌우되는 마을에서 그 기업의 공장이 문을 닫는다면, 그 지역 교회의 교인 수가 줄어드는 것은 자연스러운 일이다.

교회 지도자들은 많은 사람들에게 침례세례를 주지 않는 것 같은 일들을 큰 문제처럼 말하고는 한다. 하지만 그것이 진짜 문제는 아닐 것이다. 나는 그들에게 왜 충분히 많은 사람들에게 침례세례를 주지 않는지 묻는다. '왜'라고 묻는 훈련을 기억해야 한다. 그러면 그들은, "구원받는 사람들이 없으니까요"라고 대답할 것이다. 나는 되묻는다. "왜 구원받는 사람들이 없는 것이지요?" 그들은 결국 자신들이 복음을 전한 적이 거의 없다는 사실을 인정하게 된다. 다시 묻고 싶다. "왜 여러분 교회의 성도들은 복음을 전하지 않는가?" 그러면 이제 단순한 숫자 말고 질적인 차원의 이야기를 해 볼 때가 되었다.

내가 종종 듣게 되는 또 다른 큰 문젯거리는 교회에 충분한 재정이 없다는 것이다. 다시 말하지만, 이건 진짜 문제가 아니라 문제의 증상일 것이다. 진짜 문제는 사람들이 **왜** 청지기 직분에 충실하지 않은가와 관련이 있다.

정량적인 문제는 근본적이지는 않지만 우리가 문제의 본질을 더 깊게 보는데 도움이 되기는 한다. 예를 들어, 방금 말한 청지기 직분과 관련하여 이야기하자면, 우리는 지역 사회의 인구에 대한 연구를 함으로 교회 주변 지역의 평균 소득을 파악할 수 있다. 그러면 우리는 실제로 얼마나 많은 사람들이 가족 단위로 교회에 출석하는지 알게 된다. 소득의 10 %를 청지기 금액으로 잡았을 때, 교회의 얼마나 많은 연간 예산과 헌금 수준을 실제 예산과 비교할 수 있을지 생각해 볼 수 있다. 나는 실제 기부 수치가 성도들이 내야 하는 기부 수치보다 두세 배 정도 낮은 경우를 보곤 한다. 지정 헌금이나 보통 헌금, 혹은 교회 재정에 관한 투표의 문제를 대하는 성도의 이해도 이같은 정량적 평가를 통해서 파악할 수 있다. 항상 여러 문제들이 진행 중에 있다는 것을 염두에 두어야 한다. 대부분의 경우 이 문제들은 질적인 측면과 관련되어 있다.

따라서 정량적 데이터를 연구하고 결정하는 것은 전반적인 평가 작업에 있어서 중요하고 도움이 된다. 수치는 경향, 패턴 등을 나타내고, 현재의 현실을 설명하는데 유용하다. 나는 성경 연구, 질적인 측면의 평가와 더불어서 교회에서 얻을 수 있는 지난 십 년 동안의 모든 정량적 데이터를 분석했다. 출석률에서 재정, 교회 구성원에 이르기까지 패턴과 경향을 살펴보았고, 늘 왜 그런지 이유를 찾았다. 십 년 치 자료의 통계를 그래프로 그려보면 회중의 건강함의 척도가 시각적으로 드러난다. 그 지역에 거주하는 성도와 그렇지 않은 성도, 교회에 출석 중인 성도와 휴면 상태에 있는 성도들의 비율과 숫자를 확인하려면 등록 교인과 출석 데이터를 분석하면 된다.

교회는 실제 청중이 누구인지 이해해야 하기 때문에 사역을 위해서 그들의 참모습을 분명히 밝힐 수 있어야 한다. 여러분 교회에는 정말로 몇 명의 성도가 있나? 그들은 어디에 살고 있으며 얼마나 자주 교회 일에 참여하고 있나? 어느 시점에 어떤 사람들을 등록 교인이라고 부르지 않도록 해야 할까? 통계적 지식은 성경적 제자 훈련 계획을 통해, 명목상의 등록 교인이나 거듭나지 않은 자가 교회 구성원이 되는 것과 같은 죄를 다루는데 도움이 될 것이다. 맞다. 등록했지만 활동하지 않는 교인에 대하여 '죄'라고 말했다. 나는 명목상의 등록 교인이 부끄러운 것이며, 교회 지도자들은 이 문제를 꼭 다루어야 한다고 믿는다. 그렇지만 제자 훈련이 훈계보다 늘 앞서야 한다. 특별히 교회의 역사가 길지 않은 경우에 그렇다. 우리는 제자 훈련을 통해 어떻게 한 명 한 명의 교인들이 성장할 수 있도록 도울 수 있을까? 먼저 그들이 누구이며 그 수가 얼마나 많은지 반드시 알아야 한다.

지역 사회 평가하기
: 우리는 어디에 있나?

이 단계는 교회와 교회의 영향을 받는 지역 사회 평가를 포함한다. 교회와 관련한 공동체들에서 나온 수치를 평가하는 것은 회중을 구성하게 될, 회중이 전도하고 사역할 대상이 어떤 사람들인지에 대한 유용한 정보를 제공한다. 밀도 높은 양질의 인구 통계 서비스를 이용하면 이러한 공동체에 관한 정보를 얻을 수 있다. 진정으로 도움이 될 만한 결과를 얻을 수 있는 연구에는 투자할 가치가 있다. 이 연구가 보여주는 사실들은 회중이나 시무 중인 목회자가 인지할 수 있는 것들이 아닌 경우가 많다.

평가 작업은 실제 상황을 설명하는데 도움이 된다. 회중이 속한 지역 공동체의 실제 상태는 우리에게 어떤 기도가 필요하고 어떤 사역이 요구되는지 알려주며, 이는 교회의 계획과 일정에 영향을 미친다. 이 연구를 통해서 한 부모 가정 사역, 저소득층 가정 사역과 같은 구체적 필요를 파악할 수 있다. 예를 들어, 지역 사회에 청장년층이 많이 있다면 프로그램을 계획하는데 지적인 통찰력과 방향이 더욱 요구될 것이다.

좋은 연구는 수적 자료만이 아니라 지역 사회 안에 있는 질적인 차원의 문제들도 드러낸다. 심리학 연구는 사람들이 어떻게 생각하고 느끼는지 알려준다. 현재 거주하고 있는 사람들의 느낀 욕구**felt needs**와 직면한 문제를 보여준다. 이런 관심사를 알면 계획적인 의사 결정을 분명히 하고 이끌어 나가는데 도움이 되고, 복음을 나눌 기회를 만드는 일에도 도움이 된다.

수중에 있는 자료를 가지고 교회 담장 밖에 있는 지역 사회 공동체를 회중 공동체와 비교해 보라. 어떻게 비교해야 할까? 실제 교회 건물 주변의 지역 사회가 교회 구성원들의 공동체인가? 아니면 교회 구성원들이 살고 일하는 곳이 그들의 지역 사회인가? 교회 등록 교인들과 방문자들이 오는 곳을 지도에서 조합하여 그들이 사는 곳을 시각적으로 만들어 보라. 그것은 종종 놀랄 만한 결과를 불러온다.

교회마다 그 사역의 영향이 미치는 공동체가 적어도 세 개 있다고 생각한다. 예배당에 모이는 공동체, 성도의 가정 공동체, 그들의 학교 및 직장 공동체와 같은 세 개의 공동체에 대해 논의하고 평가해 보라. 이 세 공동체는 서로 매우 다를 것이다.

운전을 해서 교회 주변의 공동체를 둘러보라. 가능한 객관적 자세를 취하고 전에 본 적이 없는 새로운 눈으로 보려고 노력하라. 인구 통계학적 특징에 유의하라. 가능하다면 집의 스타일과 평균 크기 및 가격, 세대에 속한 아이들과 노인들의 수, 연립 주택 단지, 학교, 상업 지역, 인종, 그리고 농촌과 도시의 차이 등에 주목하라.

여러분 교회의 구성원이 가장 밀집된 곳의 고등학교나 중학교의 체육 경기에 가서 군중, 그리고 시합을 뛰는 선수들을 둘러보라. 그들이 주일 아침에 만나는 여러분의 회중처럼 보이는가? 그 이유는 무엇인가?

이제 여러분 교회 성도의 이웃 중에 두세 명을 둘러보라. 어쩌면 그 지역에 교회를 방문한 사람들이 가장 많이 몰려 있을지도 모르겠다. 가서 그들이 사는 곳을 보라. 교회 건물 주변의 지역 사회에서 얼마나 멀리 떨어져 있는가? 그곳은 교회 주변과 어떻게 다른가? 여러분 중 일부는 교회 혹은 교회 성도의 이웃이 사는 곳과 비슷한 환경에 살 것이다. 큰 차이가 있을지도 모른다. 어느 것이 교회가 속한 진짜 지역 공동체일까? 교회가 무엇이고 누구인지 기억해 보라. 교회는 건물이 아니다. 인구 통계 및 심리학적 연구가 필요한 지역이 어느 곳인지 결정하라.

공동체를 평가하는 작업의 한 가지 목표는 신화나 전설 같은 막연한 환상을 없애는 것이다. 실재하는 사실을 바라보라. 나는 자신들이 주어진 상황에 잘 대처하고 있다고 생각하지만 사실은 그렇지 못한 많은 교회들을 자문해 왔다. 사실을 파악하는 것이 앞으로 나아가 여러분의 지역에 공통 가치를 창출하도록 기회를 제공할 것이다. 여러분이 속한 지역 사회가 회중인 여러분을 소중히 여기는가? 여러분이 존재한다는 것을 알기는 하는가? 그들에 대해 더 많이 배워서 공통 가치를 창출하기 위한 전략을 개발할 수 있을까? 평가 작업의 힘은 아주 강력하다.

생애 주기의 혼란

교회는 종종 평가 작업의 적적할 순서와 우선 순위를 혼동한다. 몇 년 전에 로버트 데일Robert Dale은 "다시 꿈꾸기 위하여"*To Dream Again*라는 책을 썼다. 거기서 교회의 생애 주기를 설명하고 교회가 얼마나 자주 정량적, 질적인 쇠퇴를 인식하고 반응하는지 보여주는데, 나는 새로운 기준을 세우는 다섯 단계에 맞추어서 데일이 사용한 단어와 개념을 수정해 보았다. 이 다이어그램으로 설명할 때마다 교회 지도자들과 구성원들이 이것과 연결됨을 알 수 있었다.

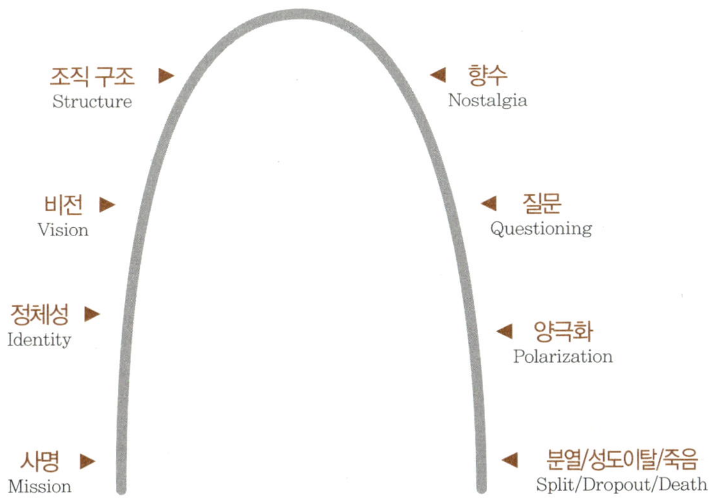

교회는 보통 이같은 여러 삶의 단계를 밟는다. 교회의 시작은 강한 **사명**감mission이다. 회중은 그들이 왜 거기에 있는지, 왜 교회가 개척되었는지 이해할 것이다. 적어도 자신들은 이해한다고 생각할 것이다. 회중은 이같은 공통 가치에서 시작한다.

이 사명과 더불어 따라오는 신학적 이해와 정의에 기반해서 자신들이 누구인지 **정체성**identity을 파악할 것이다. 직접 만든 신앙 고백서가 있으면 제자 훈련 과정의 일부로 이것을 가르칠 수도 있다. 이 안에는 교회도 들어갈 수 있으며, 교회에는 회중의 정체성을 정의하는데 도움이 되는 정관과 내규도 있을 수 있다.

다음으로 교회는 무엇을 해야 할지, 어떻게 사명과 정체성대로 살아갈지 계획하여 회중을 인도할 실천적인 **비전**vision을 수립하여야 한다. 바라건대 이 비전은 성경적이며 질적으로 회중의 정체성과 사명에 기반한 것이어야 한다.

하지만 비전이 현실이 되려면 특정 **조직 구조**structure가 만들어져야 한다. 인원, 주간 업무, 시설물, 예산 등이 여기에 포함된다. 그리고 교회 달력을 만들고 안건을 제시해야 한다. 건강한 조직 구조는 구체적인 비전 계획에 따라 회중 스스로가 체계를 잡아서 자기 정체성과 사명대로 살아내고, 이해하고, 가치를 두도록 도움을 준다. 이대로 된다면 좋은 **사역**ministry을 하게 될 것이고, 모두가 행복하고 건강할 것이다.

이 중 몇몇 단계가 빠진다면 교회가 쇠퇴하여 데일이 **향수** nostalgia라고 부른 상태에 빠질 수 있다. 옛날이 지금보다 좋았다고 추억하는 것이다. 여러분은 "옛날에는 좋았는데"라는 말을 많이 들어 보았을 것이다. 이 기억들은 현실에 기반해 있거나 자기 판단에 근거하는 것일 수 있는데, 이런 자의적 인식을 과소평가해서는 안 된다. 종종 인식된 것은 현실보다 더 강력한 힘을 발휘하기 때문이다.

교회가 이런 회중의 행태를 바로잡지 않는다면, "왜 우리 교회는 과거에 더 좋았지?" "누가, 그리고 무엇이 잘못되어서 우리가 예전만 못하게 되었지?"라고 **질문하기**questioning가 지속될 것이다. 현실의 결여에서 생기는 이러한 자의적 인식은 온갖 유형의 주관적 의견, 꾸며낸 이야기, 전설에서 비롯된 것일 수 있다.

이러한 상황에서 아무런 조치가 없다면 비난 여론이 일고, 편을 가르는 **양극화**polarization 현상이 생길 것이다. "그건 당신의 잘못이야!" "아니, 그건 당신 잘못이지!" 목사, 예배 방식, 혹은 사역을 탓할 수 있다. 탓할 대상은 끝이 없다. 한쪽 편을 선택하면 전쟁이 시작된다.

교회가 쇠퇴하기 시작한다면 교회는 **분열/성도 이탈/죽음**split/dropout/death 단계 목전에 와 있는 것이다. 이 단계를 항상 피할 수 없는 것도 아니고 마지막 단계에 이르기까지 꽤 긴 시간이 걸리는 것이기는 하지만, 그동안 쇠퇴는 지속될 것이다. 이런 시점에 있는 교회들이 나에게 자문을 요청하고는 한다.

쇠퇴가 시작될 때 교회는 보통 무엇을 할까? 교회가 정상에서 떨어져 상실감을 느낄 때 어떻게 반응해야 할까? 향수 단계가 오면 어떤 일이 벌어질까? 불행하게도 이런 때 교회들은 장기간의 해결책보다 단기간의 처방에 의지하고는 한다. 위급한 상황을 멈출 수 있는 빠르고 쉬운 방책을 원한다. 그것이 해결의 첫 단계가 될 수는 있지만, 마지막 단계가 되어서는 안 된다. 다른 조치가 취해지지 않는다면 비슷한 상황을 반복하게 될 뿐이다. 어떤 교회들은 지난한 반복으로 이런 상황에 통달하기도 한다.

쇠퇴가 시작되었을 때 교회는 다시 이전으로 돌아가 조직 구조를 바꾸는 것이 답이라고 생각하고는 한다. 프로그램이나 사람을 바꾸면 모든 것이 괜찮아지리라 믿는 것이다. 다른 교회가 어떻게 하는지 듣고 그대로 하려는 것일 수도 있다. 아니면 진짜 이유를 파악하지도 못한 채 사람을 해고하거나 고용한다. 이런 것은 아주 막무가내이고 반응에만 치우친 처사이다. 하지만 내 경험상 이런 일들은 아주 빈번하게 일어난다. 사실 나는 교회로부터 구조를 조정해 달라거나 좀더 나은 방식으로 교육해 달라는 부탁을 자주 받는다.

건강한 교회들은 조금 더 지혜롭다. 그들은 비전으로 돌아가서 완전히 새로운 계획을 마련해야 한다는 것을 깨닫는다. 더 낫기는 하지만, 이런 교회들도 장기간에 걸친 성경적 계획을 효과적으로 세울 적절한 기초를 가지고 있지는 않다. 올바른 생각을 품고는 있지만 과정이 잘못된 것이다.

교회에 더 좋고 더 건강한 생활 주기가 있다. 그림을 보도록 하자.

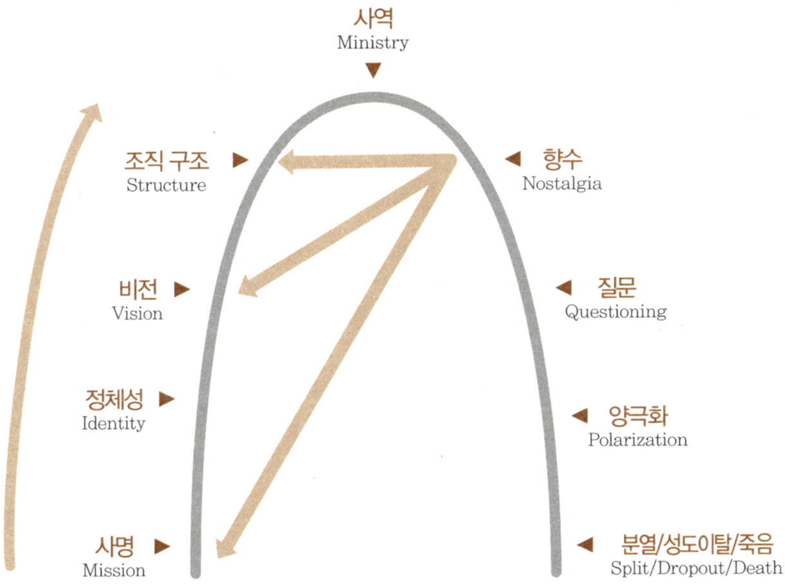

제대로 된 과정을 밟는 것이 건강한 교회를 이루기 위한 핵심이다. 건강한 교회와 건강하지 못한 교회의 주요한 차이점 중 하나는 이것이다:

건강한 교회는 생활 주기의 왼쪽 편에 머무는 방법을 안다!

다시 한 번 말하지만, 나는 자명한 이야기를 하고 있다. 거의 모든 교회가 위의 행동 방침을 효율적으로 수행하고 있지 않다. 장담하건대 이 일은 매우 중요하다. 고되지만 좋은 훈련이 되는 과정이다.

건강한 교회들은 하나님이 주신 사명을 지속적으로 점검한다. 그들은 처음 단계로 돌아가 '왜'라고 묻기를 주저하지 않는다. 왜 우리가 여기에 있는지, 왜 우리가 존재하는지, 우리가 누구이며 어떤 존재가 되어야 하는지 끊임없이 묻는다. 우리는 지금 무엇을 하고 있어야 하며, 어떻게 수행하여야 하는가? 이것들이 실천의 기본 지침이다. 건강한 교회들은 자신들의 정체성과 비전을 상황에 맞게 조정하여 유의미하고 가치 있는 존재로 남게 된다. 이러한 교회들은 조직 구조를 바꾸고 조정할 필요가 있음을 받아들이고 전통이나 주관성, 혹은 개인적인 의견에 매이지 않는다. 이들은 끊임없이 성경적으로 객관적인 지표에 비추어 자신들을 비추어 보고 개선해 나간다. 또한 교회와 성도가 된다는 것이 무엇인지 교회 전체에 공통된 이해를 마련하고, 이 이해를 가지고 그대로 살아낸다는 높은 목표치를 갖는다. 이러한 개념 정립과 목표는 납득되기만 하는 것이 아니라 주요 원리로 작용한다. 건강한 교회들은 시작점, 즉 회중과 그들이 속한 공동체를 점검함으로 교회를 세우는 일을 시작한다.

결론

평가 작업을 통해서 우리는 오늘날 교회가 누구인지, 교회가 무엇을 하고 있는지, 혹은 무엇을 하고 있지 않은지, 교회가 어떤 지역 사회의 공동체를 섬기고 있는지, 교회와 지역 사회 공동체는 어떻게 다른지 알아내고자 한다. 우리가 주목해야 할 회중 사역의 평가 작업은 구체적으로 교회, 교회 구성원, 예배, 복음 전도, 제자 훈련, 실질적인 만남, 정서적 필요, 관계의 필요, 교제, 기도, 지도력, 재정, 기관에 대한 공통된 정의를 포함한다. 교회 시설, 공간 사용, 표지판, 주차장, 수용 공간 등을 세심하게 살펴보고 평가해야 한다. 메모지를 들고 모든 시설을 둘러보며 얼룩, 닳아서 헤어진 곳, 잡동사니, 청결도를 점검하라. 처음으로 방문한 사람이 무엇을 보게 될까? 주차장과 새 신자 환영 부서는 얼마나 깨끗한가? 표지판은 분명하고 이해하기 쉽나? 교회 시설이 너무 미로 같아서 힘들지는 않나? 유아부나 유치부, 여자 화장실에도 관심을 쏟아야 한다. 이런 영역들을 어떻게 다루는지가 다른 것들도 얼마나 잘 신경 쓰고 있는지를 나타내는 지표가 된다.

인터뷰나 설문조사, 정밀한 인구조사, 현장 탐방, 교회 구성원 거주지 조사, 교회 방문객 거주지 조사 등의 구체적인 공동체 평가 도구를 사용할 수 있다.

우리는 다음의 것들을 반드시 알아야 한다:

- 무엇을 새롭게 세우고자 하는지
- 우리가 누구인지
- 우리는 무엇이 되어야 하는지
- 우리가 어디에 있는지
- 우리 공동체는 어떤 공동체인지
- 교회와 교회가 섬기는 지역 사회가 어떻게 다른지
- 왜 우리가 영적으로 건강하기를 원하는지
- 왜 다른 이들도 영적으로 건강하기 원하는지

또한 나는 지도자들 모두 교회 각 부서 담당자들과 정기적으로 만나서 이들 부서가 성경적인 역할과 제자도를 어떻게 구체적으로 실행하고 있는지 평가하고 의견을 나누기를 바란다. 이 사역들을 통해 무언가는 성취되고 있을 것이다. 그러지 않고 있다면 그 부서들이 왜 존재해야 할까? 이에 대해서는 나중에 더 다루겠다.

예를 들어, 사도행전 2:42-47과 같은 본문을 연구하여 초대 교회가 예배와 친교, 복음 전도, 제자훈련, 사역, 기도에 힘썼다는 것을 여러분 교회의 최근 활동에 대입하여 평가할 수 있다. 그런 다음 지도자들이 함께 모여 교회가 과거에 했던 사업을 검토해 보고, 주요한 성경적 역할을 수행하고자 마련한 행사와 계획을 분류하고 평가할 수 있다. 그러면 어떤 성경적 책무를 간과했는지 알게 될 것이다. 이처럼 간단히 정량적 평가를 수행하는 것만으로도 유익하다. 지도자들이 계획을 세울 때 교회의 균형/불균형을 파악하는데 도움이 되기 때문이다. 그리고 어떤 성경적 요소가 어떤 부서에 잘 맞고, 잘 맞지 않는지 파악하라.

늘 '왜'라는 질문을 해야 한다. '왜'라는 질문과 '누구'냐는 질문에 대한 답을 의식하고 있는가? 여러분은 왜 현재 이 장소에 있나? 여러분은 왜 숨 쉬고 있나? 여러분은 누구인가? 여러분은 무엇을 해야 하나? 누가 여러분의 지역 사회를 구성하고 있는가? 여러분은 지역 사회와 교회 사이에 어떻게 다리를 놓겠는가?

내가 전임 목사로 섬길 때 어린이 설교를 하면서 개구리를 예화로 든 적이 있었다. 올챙이가 커다란 개구리로 변하는 전 과정을 이야기하면서 새롭게 되고 변화되는 것에 대해 나누었는데, '개구리frog'는 "전적으로 하나님을 의지한다Fully Rely On God"는 문장을 구성하는 단어들의 두음문자와 철자가 같다. 이후로 사람들은 개구리 조각, 개구리 문양, 개구리 양탄자, 개구리 전등, 개구리 포스터를 나에게 주기 시작했고, 어느 시점에 이르자 내 사무실에는 400마리가 넘는 개구리가 있게 되었다.

이 이야기는 우리 모두에게 좋은 일깨움이 된다. 개구리는 중요한 건강 지표이다. 여러분 인생에 얼마나 많은 개구리가 있나? 그 개구리들은 얼마나 건강한가? 평가하지 않는다면 알 길이 없다. 평가 작업은 교회가 건강해지고 그 건강함을 유지하기 위해 꼭 필요한 단계이자 지속되는 과업이다. 평가 작업을 할 때에는 일관성을 가져야 하며 정직해야 한다. 이 첫 번째 단계가 교회를 새롭게 하는 일의 기초를 제공할 것이다. **우리는 새로운 기준을 세워야 한다!**

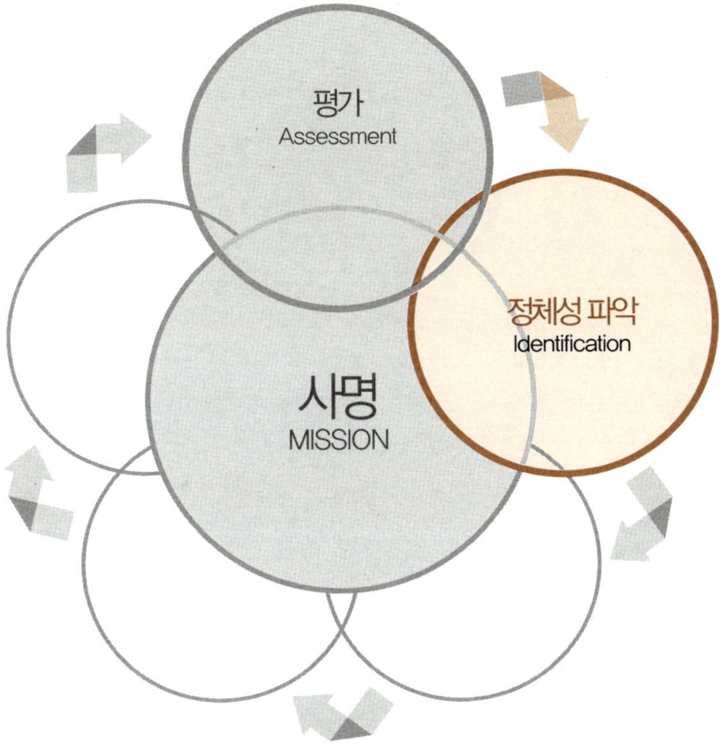
평가
Assessment
정체성 파악
Identification
사명
MISSION

4장

제 2단계
– 정체성 파악

'왜'라는 질문을 먼저 하고 나서 '누구'라는 질문을 하라. '왜'라고 묻는 훈련을 기억해 보라. '왜'라고 먼저 묻는 것은 여러분이 생각하는 것보다 조금 더 어렵다. 세계를 여행하면서 서방 교회 문화에 속한 사람들은 '존재'라는 개념에 크게 관심을 두지 않는다는 사실을 알게 되었다. 대신에 아는 것과 행동하는 것에 집중하는 경향이 있다. 정체성 파악의 단계는 왜 여러분이 회중인지, 또 회중으로서 여러분은 누구인지, 여러분의 상황은 어떠한지에 대한 전체적인 관점을 보다 날카롭게 하는데 도움을 줄 것이다. 교회가 정직한 평가 작업을 거쳤을 때에만 지도자들이 자신들의 연구와 발견을 토대로 한 정확한 현재의 실제 프로필을 만들 준비가 될 것이다. 어떤 사람들은 이 정체성 파악 단계를 평가 작업의 부분 혹은 마지막 단계라고 할지 모른다. 하지만 내 경험에 미루어 볼 때 정체성 파악은 너무 중요해서 평가 과정에서 분리되어야 한다. 평가 작업을 학습, 연구, 데이터 수집 및 분석이라고 생각하고, 정체성 파악은 평가 작업을 통해 발견한 것들을 정리하고 소통하는 것이라고 생각하면 도움이 될 것 같다.

불행히도 이 단계는 자주 간과되거나 너무 빠르게 일사천리로 진행된다. 이것은 큰 실수다. 많은 교회들이 평가 작업을 수행하기는 하지만 그 결과를 숨기거나, 잊어버리거나, 아무도 모르는 곳에 묻어 두어 무용지물로 만들기도 한다. 내가 시무했던 교회들의 사무실에도 평가 작업이 담긴 예쁜 공책들이 묶음으로 책꽂이에 꽂혀 있었다. 그런 다음에 무엇을 해야 하는지에 대해서는 무관심하거나, 두려워하거나, 무시해버렸다. 평가 작업에서 발견한 것들을 논의하지 않았고, 다음 단계를 계획하거나 수행하지도 않았다. 더 심했던 것은, 설문 조사와 대수롭지 않은 정량적 평가 밖에 하지 않고서 평가 작업을 마쳤다고 하는 것이었다. 나는 최근에 교회 운영위원회와 회의를 했고, 그들은 자신들이 읽은 교회 성장과 쇄신에 관하여 장황하게 말하고 있는 책들을 내게 소개했다. 그 책들은 좋았다. 그러나 그러한 책들을 읽는 것이 행동이나 계획으로 이어진 것은 절대 아니었다. 시간 낭비였을 뿐이었다.

잘 된 정체성 파악은 평가 작업에 기반해서 건강하고 정직한 방식으로 여러분 교회의 현재 프로필을 만들어줄 것이다. 이 프로필은 존재와 목적, 그리고 목표와 목적으로 가는 방식에 대해 질적인 측면의 문제를 고려하여 답을 제시할 것이다. 여러분은 다음과 같은 질문에 답해야 한다:

- 왜 우리가 교회인가?
- 교회로서 우리는 누구인가?

- 교회로서 우리는 어디에 있나?
- 우리는 어떤 공동체에 속해 있는가?
- 우리는 어떤 존재가 되어야 하나?
- 우리는 무엇을 알아야 하나?
- 우리는 무엇을 해야 하나?

사실 여러분은 지금 이 질문들에 대해 답하는 법을 배우고 있고, 그 답을 소통하고 이해할 수 있는 형태로 만들어가고 있다. 세 번째 단계인 '비전 개발'은 정체성 파악에 기초하여 계획하고 실행할 수 있다. 교회로서 여러분이 누구인지, 이 시기에 여기 있는 이 사람들을 향한 하나님의 계획 중 어느 측면이 여러분과 어울리는지를 이해하는 것은 교회 지도자와 구성원에게 아주 중요한 지식이다. 핵심은, 이 정체성 파악 단계에서 소통이 아주 투명해야 한다는 것이다. 우리는 교회의 지도자, 구성원, 그리고 여러분의 공동체에 공통 가치를 창출하고자 노력하고 있다는 점을 기억하라. 정체성 파악 단계에서는 회중이 꼭 그 과정에 합류해야 하고, 그들에게 전반적인 과정의 진행 상황을 알려 주어야 한다.

이렇게 기록된 프로필을 자료로 남겨 두면 쉽게 전달하고 의논할 수 있어서 도움이 된다. 이 자료는 다음 단계의 유용한 작업 도구 및 지침이 될 것이다. 교회의 지도자들과 회중 전체가 교회의 현실을 정직하게 요약한, 교회의 정체성에 관한 기록을 완전히 이해하고 평가하도록 돕는 것이 중요하다. 일단 모든 사람이 교회가 어떤 사람들로 구성되었고 어떤 지리적 위치에 있는지 알게 되면 교회를 통합된 방식으로 세워나갈 수 있다. 단순한 의견, 허황된 믿음, 잘못된 기억을 넘어서는, 성경적이며 철저하게 연구된 객관적 기준에 기반한 교회의 현황을 공유하면 적절한 토대를 세울 수 있다. 교회는 과거에 대한 집착과, 이것이 불러일으킬 수 있는 양극화를 극복할 수 있다. 모든 사람이 한 마음으로 그 공통 이해에서 시작하여 공통 동기를 가지고 계획을 세우고 비전을 개발하는 데로 나아갈 수 있다. 온 교회가 자신들이 이 시기에 이 장소를 향한 하나님의 계획에 걸맞는지 이해하게 될 것이다. 선교학자로서 나는 이러한 과정이 진정한 상황화의 시작이라고 말할 것이다.

오래 전에 조지 버나드 쇼George Bernard Shaw는 이렇게 말했다. "의사소통에서 가장 큰 착각은, 의사소통이 되었다고 믿는 것이다." 온 회중이 평가 작업을 통해 드러난 현실을 이해하는 것은 아주 중요하다. 목회자나 소규모의 운영위원들에 의해 숨겨진 비밀스런 정보는 도움이 되지 않는다. 이런 일이 발생하지 않도록 하려면 지도자와 회중에게 실제 공개 보고서를 전달하는 것이 중요하다. "이것이 진짜 우리의 모습이다. 이것이 우리 현주소다. 이것이 우리가 되어야 하는 모습이다." 실천적이며, 성경적이고, 영적인 정의와 목표도 함께 포함시켜야 한다.

평가 작업을 수행한 부서가 시각 자료를 사용하여 주일 아침 구두 보고 하는 것을 고려하여 보라. 충분히 가치 있는 일이다. 그래프와 차트, 유인물을 활용하라. 이 보고를 중요하게 부각하라. 미리 광고를 하라. 시각 자료는 정보를 전달한다. 축하할 순간 뿐 아니라 진실되게 드러내야 하는 사안도 발표한다. 현재 일어나고 있는 좋은 일들을 주저 없이 지지하고, 도전이나 기회가 되는 영역들은 진실되게 전달하라.

보고서를 전달하고 나서 사람들이 반응할 시간을 주라. 보고서가 잘 전달되었고 높은 투명성을 가지고 있으면, 비록 보고서에 난제가 있더라도 사람들이 꽤 호의적으로 반응한다. 보고서는 보통 사람들이 이미 알고 있던 것을 설명하는데 도움이 된다. 또한 사람들은 침묵해 왔던 일을 마침내 다룰 수 있게 되어 감사하고는 한다. 이것은 개인적인 관계 뿐만 아니라 회중의 관계에서도 그렇다. 많은 사람들이 이 순간에 큰 안도감과 자유를 맞이한다.

보고서를 전달하는 사역은 고백과 회개, 심지어는 부흥과도 같은 중요한 시간이 될 수 있다. 교회의 역사에 따라 용서와 치유가 필요할 수도 있다. 기도와 재헌신을 강력히 요청하라. 이 순간을 미리 준비하라.

성장하는 제자의 핵심 역량

두 번째 단계는 특별히 제자 훈련과 회중의 개인적 변화를 정의 내리기에 안성맞춤이다. 교회와 교회 구성원에 대한 정의를 발전시키고, 소통하고, 가르치는 것은 개인적 목표와 행동 계획의 필요로 이어진다. 나는 이 목표를 **성장하는 제자의 핵심 역량이라고** 부른다.

나는 핵심 역량을 개발하는 데 시간을 많이 쏟는다. 신학교가 이를 반영하는데, 이는 신학교의 사명을 성취하도록 이끄는 교육 과정의 최종 목표이다. 교수들은 졸업생을 위한 이런 최종 목표들을 염두에 두고 교육을 시작한다. 이 최종 목표란 학위를 끝낼 때까지 학생들이 습득했으면 하는 기본기나 성격 특성, 기본 지식이다. 교수들은 학생들이 이 목표에 도달하도록 교육 과정을 계획한다. 각 학위, 수업, 수업 계획서는 학생들이 핵심 역량을 성취하도록 고안되었다. 교수들은 학생들이 이 목표들을 얼마나 잘 성취했는지 여부로 성공을 판가름한다.

핵심 역량은 신학교에만 있는 것이 아니다. 이것은 제자 훈련과 개인의 변화에도 기초가 된다. 여러분의 교회 구성원을 위한 핵심 역량을 파악하고 개발하기 위해 이 두 번째 단계에 시간을 쏟으라. 이것이 아마 여러분의 사역에서 가장 중요한 일 중 하나일 것이다. 이것은 아주 대단한 일이다!

핵심 역량을 개발함에 있어서 여러분은 성장하는 제자와 건강한 교회 구성원이 어떤 모습이어야 하는지 생각해야 한다. 여러분의 목회 상황에서 교회 구성원이 순종하고 열매 맺기 위해 어떤 기본기, 성격 특성, 기본 지식을 가지고 있어야 하는가? 여러분이 속한 지역 상황에서 교회 구성원들이 이러한 역량들을 습득하도록 하기 위해 교회는 무엇을 가르치고 행하여야 하는가? 교회는 이 과정을 수립하고 수행하는데 얼마나 의지가 있나? 평범한 교회 구성원들이 자신들은 이 목표를 얼마나 성취했고, 얼마나 성취해야 하며, 어떻게 성취할 수 있을지 인식하고 있나? **이러한 인식이야말로 지도자들과 교회 구성원들이 교회에 대한 공통 이해를 갖게 하는 핵심이다.**

여러분의 지도자들과 함께 개인의 변화가 무엇인지 정의 내리도록 하라. 다음 질문들에 답해 보라:

- 우리는 어떻게 되어야 하나?
- 우리는 무엇을 알아야 하나?
- 우리는 무엇을 할 수 있어야 하나?
- 개인의 변화는 어떤 모습으로 나타나는가?
- 개인의 변화로 이어지는 '성장하는 제자의 핵심 역량'에는 어떤 것들이 있나?
- 핵심 역량은 어떻게 측정될 수 있나?

- 핵심 역량을 어떻게 알리고 홍보할 수 있나?
- 여러분은 교회 구성원들이 핵심 역량을 성취하도록 돕는 교회 연중 행사를 어떻게 기획할 것인가?
- 여러분의 목회 상황에서 교회 구성원들이 순종하며 열매 맺기 위해 필요한 기본기, 성격 특성, 기본 지식은 무엇인가?
- 교회 구성원들이 여러분의 지역 상황에 맞는 핵심 역량을 습득하기 위해 교회가 무엇을 가르치고 행해야 하나?
- 이 과정을 확인하고 수행하는데 교회는 얼마나 의지가 있나?
- 평범한 교회 구성원들이 자신들은 이 목표를 얼마나 성취했고, 얼마나 성취해야 하며, 어떻게 성취할 수 있는지 인식하고 있나?
- 여러분의 성도들은 제자 훈련 과정을 얼마나 잘 따라가고 있나?
- 성경적인 비전을 성취한다는 견지에서, 성도들이 개인적 목표나 영적 표지를 가지고 있나?
- 성도들이 핵심 역량을 성취한 후에 필요한 것에 대해 설명하고 평가할 수 있나?
- 여러분은 교회 구성원이 핵심 역량을 성취하도록 적절한 훈련을 하고 올바른 사역 기회를 제공하고 있나?

이 질문에 대한 답이 교회를 성도들의 핵심 역량 개발로 인도하며, 성도들을 진정한 제자훈련으로 이끈다. 또한 새로운 기준을 세우는데 필요한 공통 가치를 만드는데 도움이 된다. 제자를 만드는 것보다 더 중요한 것이 있을까?

나는 이 과정을 잘 헤쳐간 좋은 목회자들을 지켜보아 왔다. 그들은 성도 개인 역량을 하나님이 주신 사명과 성경적 비전에 연결하였다. 그들은 비전과 사명을 완수할 성도 개개인에 대한 기대를 성명서로 만들었다. 영적 훈련에서 사역의 책임에 이르기까지 이런 의지가 개인과 공동체 사이의 간극을 이어주었다. 이 지도자들은 단순히 개인적 주관성에 초점을 맞추기보다 성경적 객관성에 집중해야 할 필요를 알았다. 또한 교회의 활동 프로그램은 핵심 역량을 성취하도록 짜여져야 하는 것이지 성도들이 서로 경쟁하도록 해서는 안 된다는 것을 알았다. 이러한 이해는 교회의 교육 과정이 반드시 소모임이나 제자 훈련에 속해야 한다는 것을 말하며, 힘 있는 설교와 설교의 적용으로 이어지는 것이다. 최고의 성경적 가치에는 공통되는 핵심이 있다.

시간을 내서 기도하는 가운데 알고, 행하고, 그렇게 되기 위한 성경적 목적을 작성해 보라. 한 사람의 제자가 여러분의 교회의 성경적 비전을 성취하는 것이란 무엇이며, 그 모습이 어떻게 될지 살피라. 성도들에게 핵심 역량을 가르치고, 그들이 사람들에게 다가갈 수 있는 방법을 가르치라. 그리고 그들이 역량을 갖추도록 돕는 교육 과정을 개발하라. 우리가 성도들에게 제공하는 제자 훈련의 질 만큼만 그들에게 기대할 수 있을 것이다.

가르치고 평가할 수 있는 각 영역에서 목표를 만들고 기록하라. 부록에 있는 작업표가 여러분에게 도움이 될 것이다. 성인, 청소년, 그리고 아이들의 영역 모두에 목표가 필요하다. **교회의 구성원은 공통 이해를 가져야만 한다는 것을 기억하라.**

사도행전 2:42-47에 나온 모범을 살펴 보라. 만약 여러분에게 이미 핵심 사역이나 제자 훈련의 목표의 본보기가 있다면 그것을 사용하라. 교회에 걸어 놓은 행사 홍보 현수막이 빛을 발할 때다. 앞서 설명한 모든 성경적 영역을 살펴보고 목표와 핵심 역량을 작성하라. 예를 들어, 성장하는 제자들은 아래 각 분야에서 어떤 목표를 가지게 될까?

- **제자 훈련:**
  되어야 하는 것:
  알아야 하는 것:
  행해야 하는 것:

- **기도:**
  되어야 하는 것:
  알아야 하는 것:
  행해야 하는 것:

- **교제:**
  되어야 하는 것:
  알아야 하는 것:
  행해야 하는 것:

- **사역:**
  되어야 하는 것:
  알아야 하는 것:
  행해야 하는 것:

- **예배:**
  되어야 하는 것:
  알아야 하는 것:
  행해야 하는 것:

- **전도:**
  되어야 하는 것:
  알아야 하는 것:
  행해야 하는 것:

이 항목을 모두 생각해 본다면 18개나 되는 목표를 갖게 될 것이다. 어떤 목표들은 하나로 합칠 수도 있다. 많은 사항들이 꽤나 복잡할 것이기 때문에, 협업을 통해 가장 주의를 기울여야 하는 일의 우선순위를 정해야 할 수도 있다. 이때 우선순위는 여러분의 평가 작업에 기반해야 한다.

이 목표들이 교육될 수 있는 것인지 확실히 하라. 이 목표들을 지향하는 사역 구조를 만들 수 있도록 계획하라. 이 목표들은 여러분이 평가할 수 있는 것이어야 한다. 목표들을 기록하고, 가르치고, 설교하라. 성도들이 이 목표를 성취하도록 여러분의 사역 일정을 조정하라.

이 목표는 여러분의 생활의 핵심을 결정짓는 주된 요소가 되어야 한다. 다시 말해서, 여러분의 주요한 주간 일정은 주일 아침 예배를 포함해야 한다. 다음으로 여러분에게는 소모임 사역이 있을 것이다. 신체에 비유하자면 이 두 개의 사역이 여러분의 두개골과 척추에 해당한다. 다른 것들은 모두 이 두 개의 사역에서 파생한다. 이 두 가지 사역을 통해 달성할 수 있는 여러분의 핵심 역량이나 제자 훈련의 목적이 무엇이냐에 따라 여러분의 주간 일정에서 나머지 부분이 결정된다. 여러분은 다른 어떤 사역을 필요로 하나?

따라서 여러분은 즉시 중요한 질문과 마주하게 된다. 왜 소모임 사역인가? 소모임 사역을 통해 무엇을 성취하고자 하나? 성도들이 소모임을 통해 어떤 목표를 이룰 수 있도록 도와야 할까? 주일 예배와 소모임 말고는 어떤 사역을 해야 하고, 왜 그런가? 제자 훈련의 목표가 이 모든 질문에 대한 답과 여러분의 나머지 일정을 좌우하는 다른 사항들을 결정해야 한다. 제자 훈련의 목표는 그만큼 중요하다.

내가 자문했던 교회에서 있었던 일이다. 이 교회는 목표를 정하고 개선하기를 계속했다. 적어도 출발 선상에서 개인과 공동체를 연결하고자 노력하고 있었다. 제자 훈련의 목표를 가르쳤고 그것을 달성하고자 주간 계획을 설계했다. 일주일 동안 수행해야 할 일들 중 이보다 더 중요한 다른 어떤 것이 있을까?

어떻게 그들이 의미 있는 비전 선언문을 만들었는지 주목해야 한다. 심지어 핵심 역량을 성취하기 위한 청소년용 비전 선언문도 만들었다. 그들이 만든 다음과 같은 비전 선언문을 보고 나서 영역별 목표와 핵심 역량을 살펴보겠다.

우리는 교회로써 예배와 기도를 통해, 제자 훈련과 교제를 통해, 복음 전도와 사역을 통해 하나님께 영광 돌리고 예수님을 높여 드리기 위해 존재한다.

이것은 개인으로서 나의 삶이 다음과 같은 영역에서 신실함과 성숙으로 나타날 것이라는 뜻이다.

예배에서는

- 회중 찬양에 열정적으로 참여함으로
- 교회의 사역과 목적을 지원하기 위한 자발적이며 헌신적인 헌금을 드림으로
- 설교 시간에 적극적으로 배움으로

기도에서는

- 우리 공동체와 전세계의 잃어버린 영혼들의 필요를 일관되게 중보함으로
- 하나님께 진심으로 찬양하고 감사함으로

제자도에서는

- 소그룹에 비중 있게 참여함으로
- 성경을 읽고, 공부하고, 순종하는 법을 배움으로
- 내 영적 은사를 알고 그 은사를 교회를 세우는데 사용함으로

교제를 통해

- 의미 있는 관계를 발전시키고 함께 협력하여 교회 안의 다른 사람들을 돌보고 사랑함으로

복음 전도를 통해

- 그리스도를 모르는 영혼들을 향한 긍휼한 마음을 키움으로
- 잃어버린 영혼들과 관계를 구축하고 복음을 전할 기회를 모색함으로

사역을 통해

- 나의 공동체와 세계 각지 사람들의 실질적 필요를 돌보고 충족하는데 동참함으로

이와 같이 여러분 자신의 제자 훈련의 목표를 만들어 보라. 내가 섬겼던 또 다른 교회는 자신들의 비전 선언문을 "○○○ 교회 예수 추종자들의 제자 훈련 목표"라고 불렀다. 목표를 가르치고, 설교하고, 소모임 교육 과정에 사용하라. 여러분의 사역 구조와 일정을 이 목표에 따라 조정하고, 이 목표에 기반해서 평가하라. 성장하는 제자의 핵심 역량은 교회의 지도자와 구성원들이 자신들의 교회의 공통 가치를 개발하는데 도움이 될 것이다. "이 목표가 우리가 여기에 있는 이유이다. 이 목표가 내 아이들이 이 사역에 참여해야 하는 이유다. 이 목표가 내가 소모임에 속해 있는 이유이다." 이것이 어떻게 사역에서 나타나는지 보라. 사람들은 그들이 가치 있다고 여기는 일에 자원을 사용할 것이다. 교회 구성원을 소중한 존재로 만들어 보자!

평가 작업과 정체성 파악을 통해서 우리는 정확한 현실을 보고 미래의 목표를 세울 수 있다. 이것은 회중이 받아들일 수 있는 현실이다. 왜냐하면 이 작업들이 정직하고 실질적인 연구와 성경적 원리에 기반하고 있기 때문이다. 여러분은 '왜'라는 질문과 '누구'냐는 질문에 대답하기 시작했다. 그러면 이제 '왜'라고 먼저 물어야 한다는 것을 기억하면서, '어떻게'라는 질문에 주의를 돌릴 수 있게 되었다.

이 첫 두 단계는 교회의 건강함에 대한 필요와 기대를 설명해 준다. 교회가 어떤 모습이 되어야 하는지에 대한 인식과 이해를 제공한다. 여러분들 교회의 과거와 현재를 회중들에게 명확하고 가감 없이 보여준다면 앞으로 일어나게 될 일에 대한 더 큰 기대가 일게 될 것이다. 성경적이고 높은 기대가 생길 것이다. 교회가 교회 되는 더 건강한 방법을 열망할 것이다. 이것이 여러분이 새로운 기준을 세우도록 할 것이다. **우리는 새로운 기준을 세워야 한다!**

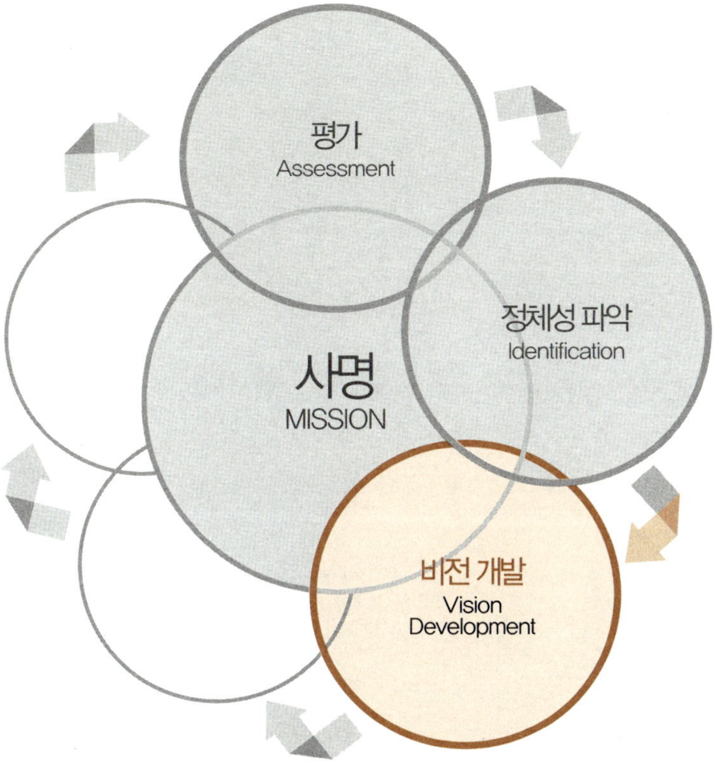
평가
Assessment
사명
MISSION
정체성 파악
Identification
비전 개발
Vision
Development

5장

제 3단계
- 비전 개발

나는 수년 전에 2형 당뇨를 진단 받았다. 그 이후로 설탕과 탄수화물은 나의 치명적인 적이 되었다. 내가 스스로를 잘 돌보지 못하던 때가 있었다. 당뇨가 가진 합병증 중 한 가지가 시력을 잃는 것이었다. 사실 나는 얼마 전까지만 해도 시력을 잃을 위험에 처해 있어서, 두 눈에 정기적인 주사와 함께 몹시 고통스러운 레이저 수술과 치료를 받아야 했다. 눈에 놓는 주사라니 재미있지 않나?

하나님께서 내 시력을 지켜주시고 날 담당한 의사에게 좋은 결과가 있도록 이끌어 주셔서 감사하다. 나는 시력을 유지하기 위해서 아직도 정기적으로 눈에 주사를 맞고 있다. 내 눈이 절대로 다시 완벽해질 수는 없겠지만, 시력이 있음에 깊이 감사한다. 또렷하게 볼 수 있고, 집중할 수 있고, 다른 사람이 어디에 있는지 또 어디로 가야 할지 알 수 있다는 것은 큰 축복이다.

교회도 이와 같은 능력이 필요하다. 회중이 영적이자 실천적인 평가 단계를 마치고 정체성 파악 단계도 정의 내렸다면 실천 계획을 발전시킬 준비가 된 것이다. 우리는 우리가 어디에 있고 또 어떻게 되어야 하는지 배웠으며 제자 훈련의 목표도 세웠다. 우리는 그 목표에 도달하고 성취하기 위해 실용적인 방법을 세워야 한다.

'왜'라고 묻는 훈련을 기억하라. 여러분은 '왜,' '누구,' 그리고 '무엇'이라는 질문을 던져 왔다. 이제 앞으로 더 나아갈 때다. '무엇'이라는 질문을 마무리하고 '어떻게'라는 질문을 던지기 위해 주어진 상황에 맞는 계획을 세워야 한다.

나는 종종 수업, 컨퍼런스, 대화를 하며 똑같은 이미지를 사용한다. 사실, 이 이미지를 너무 많이 사용해서 내 팀원들이나 학생들이 놀리고는 한다. 하지만 그럴 만한 가치가 있다. 왜냐하면 그들이 그것을 기억하기 때문이다. 여러분의 교회 지도자나 구성원들도 이 이미지를 쉽게 기억할 것이다.

나는 여러분에게 열차 선로와 열차 설계에 대해서 이야기하고 싶다. 선로를 잠시 생각해 보라. 열차를 운행하는 기관사가 선로를 깔지는 않는다. 기관사가 선로를 결정하지 않는다는 말이다. 열차를 타고 있는 승객들도 선로를 놓지 않았고, 그들도 열차가 가는 길을 결정하지 못한다. 선로는 본래 그곳에 있었다. 선로는 기존에 있던 경로다. 열차를 이용해서 한 도시에서 다른 도시로 이동하려면, 열차가 여러분이 있는 현 위치에서 가고자 하는 장소로 이어진 선로로 운행 중인지 확인하여야 한다. 선로는 이미 놓여 있다. 철도 회사나 기업 아니면 다른 기관이 선로가 가는 곳을 결정한다.

교회의 지도자로서 여러분의 역할은 선로를 놓는 것이 아니다. 선

로는 이미 놓여 있다. 여러분은 선로를 발견하고, 드러내고, 재정비해서 열차가 올바로 달리도록 하거나, 그것이 존재한다는 것을 자각하는 것이다. 이미 선로는 그곳에 있다. 우리 중 어느 누가 나타나기 훨씬 오래전부터 그곳에 있었다.

열차 선로는 아주 중요하다. 열차는 선로를 벗어나면 달릴 수 없다. 사실 열차가 선로를 벗어나는 것은 재앙이라고 할 수 있다. 열차는 반드시 선로에서 달려야 한다. 선로는 이미 정해져서 바꿀 수 없는 방향을 나타낸다. 열차가 선로를 따를 때에만 정해진 목적지에 도착할 수 있다. 이것은 앞서 말했던 필리핀 선장과 널빤지 이야기를 떠올리게 한다. 또 알아야 할 점은, 선로가 문화와 주어진 상황을 초월한다는 것이다. 세상에 다양한 열차들이 있지만 모두 같은 선로를 달린다. 선로에는 표준 규격이 있어서 어떤 종류의 열차라도 이동할 수 있다.

같은 맥락에서, 세상에는 온갖 다양한 교회들이 있을 수 있다. 하지만 그 교회들은 동일한 성경적 사명의 원칙을 따라야 한다. 교회는 사명의 원칙이라는 정해진 선로 위에서 달려야 하는 것이다. 우리의 임무는 이 원칙을 만드는 것이 아니다. 하나님께서는 그분의 계획, 그분의 길, 교회에 대한 목표를 이미 정해 두셨다. 우리가 할 일은 선로를 놓는 것이 아니라 선로를 달릴 열차를 제작하는 것이고, 우리가 선로 위에 있는지 또 계속 앞으로 나아가고 있는지 확인하는 것이다. '사명'은 선로를 발견하는 단계이고, '비전 개발'은 열차를 제작하는 단계이다.

비록 열차 선로는 상황을 초월하지만 열차를 제작하는 것은 상황과 아주 밀접한 관련이 있다. 지금 여기 있는 성도들에게는 어떤 종류의 열차가 필요할까? 어떤 이들은 객실이 많은 열차, 어떤 이들은 객실 수가 적은 열차, 어떤 이들은 고속 열차, 어떤 이들은 느린 열차가 필요할 것이다. 하지만 모든 열차는 동일한 선로를 달린다. 지금 이 시간 이곳에서 그 선로를 달리기 위해서는 어떤 특정한, 상황에 맞는 열차가 필요한가? 그래서 우리는 비전 개발을 시작한다.

열차에 여러 목적에 맞는 다양한 차량이 있듯이, 교회에도 그들의 핵심 역량과 제자도의 목표, 다양한 사역, 그리고 최고의 사역을 펼칠 수 있게 할 다양한 방법이 있다. 효율적인 열차라면 모든 차량이 함께 연결되어 같은 방향으로 난 선로를 향할 것이다. 열차가 한 지점을 향해 달리는 것이다. 마찬가지로 건강한 교회는 모든 사역이 하나로 묶여서 동일한 성경적 사명의 원칙 위에서 움직이며 하나님이 추구하시는 성화와 영화를 향해 나아간다. 이것이 사역의 동반 상승 효과이다. 열차를 제작하는 이미지를 기억하라.

나는 미국과 세계 여러 나라, 박사 과정, 내가 섬기는 신학교, 그리고 컨퍼러스에서 만난 목회자들과 이야기할 때 그들이 종종 선로에서 눈길을 떼고 있는 것을 보았다. 그들이 가지고 있는 비전에 무언가 문제가 있었다. 그들은 자신들의 상황 속에서 무엇을 왜 하고 있는지 잊어버렸고, 어떻게 최근 유행하는 사역을 가능한 한 빠르게 자신들의 사역에 도입할지를 생각하고 있었다. 그 목회자들은 그 방법들이 자신들의 상황에 맞는지 상관없이 그저 다른 누군가가 하고 있는 것을 따라하려 했다. 나는 수많은 젊은 목회자들이 이런 식으로 어려움을 겪는 것을 보아 왔다. 그리고 그들은 다른 누군가의 열차를 자기도 만들어 타려 노력하다가 탈선했다는 것을 나중에 깨닫게 된다.

선교학자이자 현역 선교 전문가로서 나는 늘 상황과 문화의 측면에서 생각한다. 비록 모든 열차가 최종 목적지로 향하는 선로에 있어야 하지만, 모든 열차가 같은 방법으로 움직이는 것은 아니다. 모든 교회나 사역이 정확히 같을 수는 없다. 교계의 어떤 신학 박사가 무언가 하고 있다고 해서 여러분도 꼭 그렇게 할 필요는 없다. 정형화된 틀을 버리고 주님께서 여러분에게 주신 상황 속에서 주님을 찾아야 한다.

서로의 열차를 비교하는 것은 공평하지도, 지혜롭지도 못한 일이다. 주어진 상황에 맞는 목적을 달성하기 위한 나의 열차는 여러분의 것과 모양이 달라야 할 것이다. 예를 들어, 어떤 교회가 기도해야 하는 상황인지 논의하는 것은 나의 업무가 아니다. 내가 해야 할 일은 우리의 상황에 맞는 최선의 기도 방법을 찾는 것이다. 이것은 비전 개발의 일부이다. 왜 우리인가? 우리는 누구인가? 우리는 어디에 있는가? 우리는 여기에서 무엇을 해야 하나? 그것을 어떻게 할 수 있을까?

범퍼카에 대해서도 얘기를 해야겠다. 사람들은 범퍼카를 좋아한다. 범퍼카를 타려고 줄을 선다. 범커파는 멋지고, 재미있고, 현란하다. 음악이 울려퍼지고, 불꽃이 튀고, 여러분은 가고 싶은 곳으로 갈 수 있고, 다른 범퍼카와 충돌할 수도 있다! 어렸을 적 다른 범퍼카를 들이받으려 범퍼카를 이리저리 몰고 다니던 것이 얼마나 재미있었는지 모른다. 내가 범퍼카에 대해서 처음으로 이야기하기 시작했을 때는 범퍼카가 얼마나 범문화적인 것인지 몰랐다. 하지만 나중에 보니 범퍼카 이미지는 내 생각보다 훨씬 흔했다.

범퍼카는 많은 움직임이 그 특징이다. 모든 사람이 열심이다. 사람들은 범퍼카에서 내리자마자 다시 타기 위해 바로 경쟁을 한다. 사람들이 범퍼카를 얼마나 좋아하는지 과소평가하지 마라. 하지만 음악이 멈추고, 번쩍임이 사라지고, 범퍼카가 멈추면 범퍼카는 어디로 갈까? 범퍼카들은 원을 그리며 돌고 돌다가 서로 부딪힌다. 그리고 범퍼카는 타기 시작한 지점에서 멈춘다. 실수하지 말라. 많은 활동을 하고, 아주 바쁘고, 시끄러운 사람들이 길게 줄 섰다 할지라도 실제 진전은 없다.

그와 비슷한 교회에 가본 적이 있나? 극도로 바쁘고, 큰 소음과 번쩍임이 있고, 활동이 많은 교회 말이다. 교회의 사역들은 분리되어 있고 조화롭지 않다. 이 사역은 이 일을, 저 사역은 저 일을 한다. 어

쩌면 그것이 멋지고 재미있어 보일 수 있지만, 종국에는 그 사역들이 안으로 원을 그리면서 빙글빙글 돌고, 서로 부딪히고, 시간과 사람, 에너지와 자원을 놓고 경쟁할 것이다. 나는 여러 목회자들이 현란하게 큰 군중을 대상으로 사역을 하지만 진실되게 제자를 양육하거나 사명에 가치를 두는 일은 전혀 하지 않는 것을 보았다. 내가 도왔던 대부분의 교회에서 개인의 방향과 교회의 통합된 비전이 충돌했다.

자, 심호흡을 한 번 하라. 내가 한 말이 정곡을 찌른 것 같지 않은가? 나는 대부분의 교회들이 하나님의 방법에 집중하여 주신 사명을 성취하기보다는 철 지난 범퍼카를 타고 다니고 있다고 생각한다. 나는 교회들을 도울 때마다 거의 매번 이 문제에 직면한다. 어떻게 하면 우리는 빙글빙글 돌다가 충돌하지 않을 수 있을까? 내가 설명하고 있는 이 과정에 대한 신뢰를 가지기 바란다.

여러분은 하나님이 주신 사명과 하나님의 말씀에 집중해서 그분이 교회를 위해서 놓으신 열차 선로를 반드시 발견해야 한다. 이렇게 하고 나서야 여러분이 올바른 종류의 열차를 설계하는데 힘을 받고 영적인 동반 상승 효과가 일 것이다. 여러분이 수행하는 성경적이자 영적인 평가 작업은, 식별 과정에서 핵심 역량 개발 혹은 제자도의 목표와 더불어 이 선로 발견을 위한 토대를 마련했어야 한다.

분리된 개별 열차 차량은 스스로 아무 데고 갈 수 없다는 것을 기억하라. 그런 차량은 그저 그 자리에 머물러 있다. 인상적으로 보일 수도 있지만 쓸모가 없고, 그저 커다란 범퍼카와 마찬가지일 뿐이다. 움직이지 않고 있다면 분리된 개별 차량은 바른 선로에 있더라도 들이 받히거나 충돌을 일으킬 것이다. 하지만 다양한 차량이 연결된 기차라도 적절한 엔진에 연결되어 올바른 선로에서 움직인다면 놀라운 힘을 발휘할 것이다. 땅이 흔들릴 것이다!

교회의 모든 사람과 모든 것이 서로 연결되어 같은 방향을 향해 선로를 달릴 때는 무언가 아주 특별한 일이 벌어질 수 있다. 이것이 상황에 맞는 열차 설계이다. 여러분은 이 시간 여기에서 하나님의 선로를 달리기 위해 어떤 열차를 만들어야 할까?

비전 개발 모델

아주 많은 비전 개발 모델이 있지만, 반드시 하나님의 말씀에 기반해서 효율적인 전략을 수립하여야 한다는 것에 유념하라. 여러분 자신의 삶과 사역에 대해 생각해 보라. 여러분은 하나님의 궤도 위에 있나? 여러분의 사역과 성도들은 찰스 스펄전이 말한 "그분의 영광을 향한 순전한 마음"으로 함께 연합하여 움직이고 있는가? 아니면

서로 충돌하며 빙글빙글 원을 그리고 있나? 자신이 선로에서 이탈했다는 것을 알고는 있는가?

우리는 어떻게 하나님을 영화롭게 하며 그분이 주신 임무를 수행하는 방식으로 살아가고, 또 인도할 수 있을까? 교회 지도자들은 평가와 교회 현황 작업에서 비전 개발로 옮겨가야 한다. 공부하고, 설명하고, 연구한 것을 가지고 무언가를 하라. 이 단계에서는 계획을 세우고 구체적인 행동 방침을 만든다.

먼저 여러분이 몇 가지 정의를 이해하고 있는지 확인해야 한다. '사명'은 우리가 지상명령을 성취하고 그분의 말씀과 우리를 향한 그분의 뜻에 순종해서 하나님께 영광 돌리게 하시려는 하나님의 불변의 뜻이다. '비전'은 궁극적인 사명을 수행하기 위해 특정한 시간과 장소에 있는 특정한 사람들을 향한 구체적이고 상황에 따른 계획이다. 이 두 단어는 여러분이 읽는 글에서 서로 대체하여 쓰이곤 한다. 그래서 여러분이 말하고자 하는 것이 무엇인지, 그리고 여러분의 성도들이 무엇을 하고 있는지 확실히 해야 한다.

성경은 여러 장에 걸쳐 다양한 방법으로 가야 할 길을 보여준다. 나는 이것을 제1단계 '평가' 작업에서 성경적 교회와 교회 구성원 됨이 무엇인지 공부하고 정의할 때 다루었다. 여러분은 배운 것을 분명히 기억하여 앞으로 맞이할 단계들에 적용할 준비가 되어야 한다.

앞서 언급한 것처럼, 하나님의 열차 선로를 발견하기 위해 사도행전 2:42–47이 자주 사용되었다. 이 구절이 여러 방법으로 사용되고 남용되어 오기도 했으나, 우리는 예루살렘의 초대 교회 신자들이 적극적으로 자신들의 책무를 수행했다는 것은 확실히 알고 있다. 그들은 예수님께서 지상에서 시작하신 사역을 지속했으며 하나님은 그 일에 복 주셨다.

또한 제2장에서는, 안디옥 교회가 어떻게 사명을 수행했는지 검토하기 위해서 사도행전을 더 자세히 살펴보기를 권했다. 두 개의 교회를 비교하고 하나님이 주신 사명을 실현하기 위해 어떻게 자신들의 비전을 삶으로 살아냈는지 알아보라. 두 교회는 하나님의 목표를 알았다. 하나님은 그 교회들에게 복 주셨고, 그들은 노력하여 하나님께 영광을 돌렸다. 예루살렘과 안디옥 교회는 여전히 우리에게 확실한 본보기이다.

이 구절들로 성경을 가르치는 것이 너무 옛날 방식 같다면 여러분의 상황에 맞는 성경 본문을 찾아라. 내 친구 척 로리스Chuck Lawless가 쓴 훌륭한 책 "훈련된 용사들"*Discipled Warriors*에서 가르친 것처럼 에베소서를 사용하거나 다른 본보기를 찾아볼 수 있다. 하지만 '성경적' 모범이어야 한다. 이 성경적 임무들을 살펴보는 것이 회중들로 하여금 자신들의 영적 건강과 실천을 평가하고 행동하기 위한 비전을 결정짓는데 도움을 줄 것이다. 교회 지도자들과 구성원들은 자신들이 사명을 수행하고 있다는 것과, 따라야 할 성경적 비전이 있다는 것을 반드시 알아야 한다.

내가 전임 사역자로 목회할 때 사도행전 2장에서 여섯 개의 항목으로 구성된 비전 계획을 개발했다. 그것들은 다음과 같다:

우리의 걸음 **제자도** ········ 사도행전 2:42
우리의 환영 **교제** ········ 사도행전 2:42, 46
우리의 전쟁 **기도** ········ 사도행전 2:42
우리의 사역 **필요를 채우는 사역** ········ 사도행전 2:43–45
우리의 예배 ········ 사도행전 2:46–47
우리의 증거 **복음전도** ········ 사도행전 2:47

이 단순하지만 성경적인 고안은 우리의 열차 선로와 열차 설계에 대한 이해의 초석이 되어 주었다. 우리의 사역, 직원, 예산, 일정, 그리고 업무가 이 여섯 항목들을 중심으로 돌아갔다. 우리는 하나님이 주신 사명을 실현하기 위해 중요한 비전으로 연결되었다. 모든 사람이 이 구조가 무슨 뜻인지, 목표점이 무엇인지 이해했다. 성도들은 우리가 개인적이거나 공동체적 차원에서 성취하고자 하는 목표가 있다는 것을 알았다. 그들은 이 목표를 새 성도들에게 알려주었고, 기존 성도들에게는 다시 강조했다. 심지어 유년부서에도 이 비전이 그림으로 있었다. 내 사전에 범퍼카란 없다! 대신에 성령이 인도하시고 성경이 이끌어가는 강력한 동반 상승 효과가 있다. 우리는 새로운 기준을 세웠다. 나는 그 기준을 발견하고, 그 기준대로 살아냈으며, 그 기준대로 이끌었다. 여러분도 할 수 있다.

열차에 탑승해서 선로에 머물기

나는 교회 개척에 관해 박사 논문을 썼다. 하지만 어떻게 교회를 개척하는지에 대해서 쓰지는 않았다. 그 주제에 대해서는 이미 수많은 연구들이 있었고 현재도 진행되고 있다. 내가 한 연구는 '어떻게 개척 교회가 상황에 맞는 사역과 프로그램을 만들어낼 수 있는가'였다. 나는 '지금 무엇을 해야 하지?'라는 질문에 관심을 두었다. 여러분이 교회를 개척했다면 무엇을 해야 하고, 상황에 맞게 최선으로 사역을 이끌고 나가기 위해서 어떤 결정을 내릴 수 있을까? 나는 열두 개가 넘는 교회 개척에 관여했고, 그 과정에서 발전만이 아니라 직면한 상황에 관한 여러 문제를 마주했다. 어떤 경우에는 교회 자립의 성공과 실패가 교회 생애 주기를 따라 벌어지는 일에 의해 결정되기도 하였다. 열차는 어떻게 탈선하지 않고 계속 달릴 수 있을까?

나는 오랫동안 많은 교회들이 건강한 결정을 내리지 못하고 또 건강한 결정을 내려야 한다는 것조차 깨닫지 못하는 것을 보았다. 그 교회들이 그것을 깨달았다고 해도 건강한 결정을 내리기에 건강하지 못한 관행들이 남아 있었다. 이런 무능함이 범퍼카나 열차 사고처럼 상황을 혼란스럽게 한다. 건강한 결정을 내리지 못하면 교회는 서로 아무 관련이 없는 수많은 방향으로 엇나가거나, 말 그대로 아무것도 하지 않게 된다. 교회가 계속해서 그런 상황을 유지한다면 결국 반목과 쇠퇴로 끝날 것이다.

교회 활동은 개인 의견이나 전통이 아니라 성경적 목표와 원리에 의해 이끌려야 한다. 또한 결정은 단순히 다수의 주관적 의견이 아니라, 성경에 근거한 객관적인 기준에 근거하여 내려야 한다. 교회가 이렇게 하기 위해서는 의사 결정 과정에 대해 기준이 되는 방법과 해석이 있어야 한다.

우리는 어떻게 결정을 내릴 수 있을까? 우리는 어떻게 사람들을 기차에 태울 수 있을까? 교회 지도자는 어떻게 사명과 비전을 끌어안을 수 있을까? 교회는 어떻게 사명 주도적인 공동체로 발전할 수 있을까?

리더십의 다리 놓기

연합으로 나아가는 열쇠 중 하나는, 지도력의 다리를 놓는 것이다. 다리는 물체 사이의 간극을 메운다. 어떤 다리는 일방 통행을 위해서, 또 어떤 것은 양방 통행을 위해서 설계되었다. 교회 안에서 지도자들 간의 관계도 이와 같다. 일방적이거나 양방향이다. 이 지도력의 관계란 무엇일까? 우리는 어떻게 안전하고 집중된 연결점을 마련할 수 있을까?

교회가 동반 상승 효과를 보기 위해서는 교회 지도자들이 서로 연합하고 신뢰해야 한다. 이것은 생각보다 더 큰 도전이다. 나는 주된 문제의 중심이 지도자와 의사 결정 과정에 있는 교회에서 일해 왔다. 교회의 자문 위원으로 가장 슬펐던 순간은, 다른 사람을 노골적으로 멸시하는 임직들과 일할 때였다. 나는 그리스도 안에서 다른 사

람을 그보다 죄스럽고 실망스럽게 대하는 것을 본 적이 없던 것 같다. 그들이 이러한 상황을 벗어나는데 오랜 시간이 걸렸고 그 과정은 아주 어려웠다. '신뢰'란 시간, 의사소통, 관계, 그리고 일관된 행동을 통해 얻은 관계의 상태이다.

교회 지도자들은 지도력의 다리를 놓아야 한다. 진정한 사명과 강력한 성경적 비전에 대해 지도자들의 이해가 서로 다르다면, 그 지도부는 교회가 올바른 방향과 속도로 선로를 달리도록 인도할 수 없을 것이다. 지도력의 다리를 놓는 것에 대해 올바른 이해를 가지고 있는 올바른 지도부가 있다는 것은 절대적으로 중요하다. 몇몇 다리에 대해서 설명해 보겠다.

선교적인 지도자가 반드시 세워야 할 첫 번째 지도력의 다리는 '하나님과 지도자 자신' 사이의 관계에 있다. 이것은 일방적인 지도력이다. 다시 말해서, 나는 결코 하나님을 인도하지 않는다. 하나님이 늘 나를 인도하신다. 목회자들과 교회 지도자들이 이 기본 진리를 얼마나 자주 상기해야 하는지 놀라운 일이다. 이것이 지도력의 다리가 시작되고 끝나는 지점이다. 여러분은 어떻게 하나님의 이끄심에 복종하나? 여러분이 하나님을 끌고 가려고 하나?

여러분이 책임져야 할 첫번째 제자훈련의 대상은 여러분 자신이라는 중요한 사실을 항상 기억하라. 하나님과 걷는 여러분의 걸음이 건강하거나 사명에 근거하고 있지 않다면 다른 것들이 잘 될리 없다. 따라서 여러분의 배우자, 자녀, 교회를 훈련시키기 전에 여러분 자신의 걸음과 마음을 점검하라. 여러분이 건강하지 않고 성장하지 않는다면 다른 사람들을 훈련할 때 힘과 진리가 없을 것이다. 앞서 말한 여섯 개의 항목을 되돌아 보고 각 영역에서 여러분 자신이 얼마나 건강한지 자문하여 보라. 솔직해져야 한다. 다른 이들을 인도하기 전에 여러분부터 정상 궤도에 올라 있어야 한다.

두 번째 지도력의 다리는 첫 번째 것과 관련이 있다. 이것은 '다른 지도자들과 하나님' 사이의 관계이다. 나는 내가 스스로 하나님의 뜻을 분별할 수 있다고 생각하지 않는다. 하나님께서는 성경을 통해 사람들에게 말씀하신다. 이것은 나에게만이 아니라 다른 사람들에게도 일방통행이다. 지혜로운 사람은 독단적으로 지도력을 발휘하지 않고 지혜를 구하여 하나님이 인도하시는 사람들에게 경건한 조언을 구할 것이다.

세 번째 지도력의 다리는 '지도자와 지도자' 사이의 관계이다. 어떤 사람들은 어쩌면 이것도 일방통행이라고 주장할 수 있다. 하지만 나는 그렇게 생각하지 않는다. 사실 일방적이라고 생각하는 것 자체가 문제다. 나는 이 세 번째 관계가 양방향이라고 확신한다. 건강한 사명 지향적 지도자는 때로 다른 지도자로부터 배우고 그들의 인도를 받을 수 있다.

목회자로서 나는 중요한 교회 지도자들과 긴밀히 협력하여 왔다. 나의 가장 친한 친구는 내가 이전에 섬기던 교회의 지도자들이다. 우리는 함께 일하며 시너지 효과를 냈고 한 방향을 보며 움직였다. 우리는 함께 만나서 자주 대화를 나눴고, 서로를 신뢰하고 사랑하는 법을 배웠다. 우리는 친구, 가족, 동료였다. 우리는 한 마음이었다. 더 많은 교회의 지도자들 사이에 이런 이해와 연합이 있다면 교회는 전반적으로 훨씬 더 건강하게 될 것이다. 나는 이런 모습을 쉽게 찾아볼 수 없는 상태가 일반적이라는 사실이 슬프다. 대신 지도자들 사이에 불신과 연약함을 찾는 것은 참 쉽다. **우리에게는 새로운 기준이 필요하다!**

네 번째와 다섯 번째 다리는 '하나님과 회중' 그리고 '지도자와 회중'의 관계이다. 전자는 일방적인 리더십의 다리인데, 하나님이 성도들을 어떻게 사용하셨고 성도들을 통하여 어떻게 자신의 뜻을 드러내셨는지에 대한 증언이다. 내 생각에 후자는 양방향이다. 나보다 지혜로운 신실한 평신도들이 나를 인도한다. 이런 일은 네 번째 다리 덕분에 가능하다.

내가 한 때 시무했던 애리조나에 있는 교회에는 젤마 지포Zelma Zippo라는 이름의 오랜 교인이 있었다. 상상해 보면, 그는 평생 모든 일에서 꼴찌 아니었을까 싶다. 내가 그분을 알게 되었을 때 아흔 살이셨고, 키는 150cm정도였다. 하지만 장년 성경 공부를 인도하고, 예배 때는 맨 앞 줄에 앉아 손을 들고 하나님을 찬양하며 기도하는 여인이었다. 그는 제2차세계대전 당시 나치에게서 유대인들을 구했던 코리 텐 붐Corrie Ten Boom이 떠오르게 하였다. 귀신들이 예수님을 알고 바울을 알았던 것처럼 젤마도 알고 있을 것이다. 젤마 여사가 내게 잠깐 이야기 좀 나눌 수 있냐고 물으면, 내 대답은 늘 "네"였고 바로 그 자리에 앉아서 그의 말을 경청했다. 젤마가 기도할 때 나는 그가 하나님과 대화하고 하나님의 음성을 듣고 있다는 것을 알았기에 그의 기도에 주의를 기울였다.

나는 오랜 동안 지성인들과 함께 일해 왔다. 정말로 똑똑한 사람들은 때로 자신이 아는 것이 전부라고 생각하는 경향이 있다. 다시 말해 그들은 배우려고 하지 않는다. 그들은 이미 모든 것을 알고 있다고 생각한다. 하지만 그런 사람은 없다. 나의 말이 거만하게 들릴 수도 있겠지만 바로 그게 내가 의도한 것이다. 하나님은 여러분이 자신을 내려놓고 가끔 지혜로운 평신도들의 말을 경청하고 그들로부터 배우기를 원하신다.

얼마나 많은 목회자들이나 신학교 교수들이 '전능의 죄'에 빠져 있는지 모른다. 그것을 보는 것은 너무 괴로운 일이다. 그들은 자신들이 모든 질문에 답할 수 있고, 어떤 일이라도 해낼 수 있다고 믿는 것 같다. 누가 그들 보고 그렇게 하라고 했나? 그런 비현실적인 기대는 어디에서 비롯하였나? 우리는 모든 일을 스스로 해내도록 창조되지 않았고, 실제 우리가 완전히 스스로 할 수 있는 일도 없다. 요한복음 15:5을 기억하라. 우리는 그리스도를 떠나서 아무것도 할 수 없다! 앞서 이야기했듯이, 모든 것은 하나님께 속해 있고 그분께 의존한다. 교회는 그분의 것이다. 그분이 성장시키시고 그분이 추수하신다. 내 생명도 주님의 것이다. 그분이 우리를 값 주고 사셨다. 우리 삶에 있어서도 소유 의식과 청지기 의식을 혼동하지 않도록 유의하라.

전능의 죄가 여러분에게 문제가 되거나 유혹이 된다면 그것에서 해방시켜 주겠다. 수년 동안 내게 큰 자유를 가져다 준 간단한 문구가 있다. 필요할 때마다 이 문구를 사용하라. "나는 모르겠습니다." 이게 바로 그 문구다. 놀랍지 않은가? 나는 모든 것에 대한 답을 알지 못한다. 하지만 우리는 최선의 해결책을 찾고자 함께 일할 수 있다. '함께 일하는 것'이 계속되는 주제임을 주목하라.

마지막으로 '회중과 세상' 간 지도력의 다리가 있다. 이것은 일방적인 지도력의 다리이다. 왜냐하면 교회는 지역 사회에서 영향을 받고 인도를 받기보다는 하나님이 선교를 성취하실 그들의 비전대로 살아내며 지역 사회에 영향을 끼쳐야 하기 때문이다. 이 다리는 정신 없는 범퍼카와 달리 하나의 통합된 비전을 필요로 한다.

여러분은 어떻게 여러분이 섬기는 사람들과 관계를 맺고 그들을 인도할 것인가? 여러분의 지역 사회에 있는 사람들은? 위에서 말한 지도력의 다리와 이것들을 이을 적절한 방법을 이해하는 것이 사명을 따라가는 데 있어 중요하다.

성경적인 비전 개발은 지역 교회가 어떻게 하나님이 주신 사명을 수행할 수 있는지에 대한 답을 준다. 특정한 시간에 특정한 장소에서 수행할 특정한 성경적 실천은 무엇인가? 여러분의 지역 교회는 어떻게 상황에 맞게 하나님이 주신 사명을 실현하고 성도들이 핵심 역량과 제자훈련 목적을 성취하도록 이끌 수 있을까? 교회의 **모든 구성원**이 비전 개발을 이해하는 것은 중요하다. **비전 개발이 교회 지도자들과 구성원, 심지어 교회가 섬기는 지역 사회를 위한 공통 가치의 원천이기 때문이다.**

비전 개발은 교회 프로그램, 행사, 재정, 직원 인사와 같은 실천적이고 영적인 문제들을 포함한다. 또한 무엇을 어떻게 해야 하고 언제 시작해서 언제 멈춰야 하는지 알아내는 과정도 여기에 속한다. 비전 개발은 평가 단계와 현황 단계의 명확한 결과를 반드시 포함해야 하며, 교회가 아는 것과 행하는 것에 명확한 방향을 제시해야 한다.

교회 지도자들은 어떻게 그들이 섬기는 교회의 특정 상황에 맞는 비전 개발 계획을 결정할 수 있을까? 이 비전 개발 계획을 하나로 연결하고 지속하기 위해 어떻게 함께 일할 수 있을까?

지도력의 모래시계

여러분이 상황을 결정하고 이끌어 나가는 능력이 지도력이나 계획 과정 어딘가에서 병목 현상에 처한 적이 있었는가? 굉장히 난감한 상황이다. 여러분이 문제를 일으켰다면 더욱 그렇다. 몇 년 전 나는 유용한 이미지를 하나 더 발견했다. 나는 이 이미지를 지도력의 모래시계라고 부른다. 이것이 여러분에게 도움이 되기를 바란다.

모래시계의 모양을 생각해 보라. 위와 아래는 넓지만 그 중간의 목은 아주 좁다. 바로 이 좁은 목에서 모래시계 전략이 나왔다. 실제로 모래시계의 시간이 정해지는 데는 적어도 세 가지 요소가 있다.

1. 유리에 들어 있는 모래의 양
2. 모래시계 중간의 좁은 부분
3. 모래가 흘러 내리는 속도

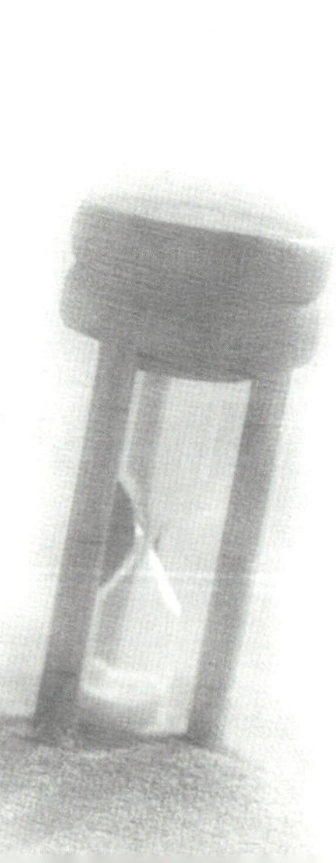

모래시계의 좁은 목을 통해 적당한 양의 모래가 지나가면서 시간을 정확히 맞출 수 있다.

어떤 모래시계는 60분으로 맞추도록 되어 있다. 생활에 사용되는 시계라면 시간이 잘 맞아야 하는데, 중간의 좁은 목 부분의 간격이 너무 넓다면 모래가 너무 빨리 흘러 내릴 것이다. 반대로 목이 너무 좁다면 모래가 흘러내리지 못할 것이고, 시간을 재는 용도로서 모래시계는 쓸모가 없어질 것이다. 병목이 모래시계가 만들어진 목적대로 기능하게 하는 것이다.

모래시계 이미지는 우리에게 지도력, 비전 수립, 의사소통, 조화에 대해서 가르쳐 준다. 지도력은 병목의 간격으로 설명할 수 있다. 좋은 지도자는 속도와 시기를 결정하는데 도움을 준다. 효율적으로 결정 내리는 지도자는 본래 목적을 따른다. 지도자의 결정이 너무 활짝 열려 있거나 중심이 없고 부주의한 경우 기준점이 없게 된다. 이런 경우, 범퍼카 이미지에서 본 것처럼 사역에 일관성이 결여된다. 더 큰 목적에 부합하지 않는다. 자원과 노력은 수없이 많은 방향으로 뻗어나가서 서로 경쟁하며 제대로 진행되지 않는다.

반면에 지도자들이 상황을 너무 엄격히 통제하면 활동성이 줄어들고, 창조성이 억눌리며, 일이 진행되지 않게 된다. 모든 회의에 참석해야 하고 모든 결정을 내려야 하는 지도자는 명석하고 재능이 있는 이들의 성장을 저해하고 멈추게 할 수 있다. 이러한 지도자들은 너무 세세한 것들까지 꼼꼼하게 관리하는 병목을 만들어내서 불필요하게 사람들을 좌절시킨다. 그들은 다른 이들의 재능, 소명을 빼앗아 그들의 제자로서의 성장을 막고 있는 것이다.

더 많은 교회 지도자들이 지도력 개발과 교회의 조직 및 행정의 수행 방법이 제자 훈련의 형태와 같다는 것을 이해하기를 바란다. 여러분의 지도자들이 성장하도록 돕고 힘을 실어주고 있다면 여러분은 제자를 만들어 내고 있는 것이다! 비전 개발과 수행은 다른 단계를 성취하도록 돕는 필요악이 아니다. 바로 앞만 보는 것을 멈추고 전체 여정을 받아들여야 한다. 전체 여정이 중요하다. '왜' 그리고 '어떻게' 우리는 앞으로 나아갈 수 있는지가 중요하고, 이를 통해서 그분께 영광을 돌릴 수 있다. 지도자의 만남, 훈련, 기도가 모두 제자를 만드는 일이다.

교회에서 지도력을 개발할 때에는 통합성과 위임의 조화가 필요하다. 비전 수립과 이해, 창조성, 위임의 적절한 조화가 건강한 확장성이 일어나는 환경을 조성한다. 모든 사람이 같은 내용을 이해하고 그 중요성을 알고 있다면 여러분은 통합된 비전의 풍토를 조성할 수 있고, 건강한 성장을 향한 긍정적 위치에 서게 된다.

지도자는 종종 다른 교회의 지도자와 사역, 그리고 활동을 가져와서 목적과 비전에 조화시켜야 한다. 지도력은 성경의 사명을 성취하기 위해 세워진 계획 안에서 모든 사역자들을 하나로 연결해 주어야 한다. 그들은 다른 사람들이 열차를 설계하는 일에 참여하도록 인도해서 하나가 되도록 해야 한다.

이 과정은 상황에 따른 시간과 속도의 조절이 필요하다. 모래시계의 모래처럼 이 과정을 너무 갑작스레 수행하려고 하면 저항이 있을 것이다. 마치 "안 된다"는 말을 한 번도 들어본 적이 없는 아이를 훈육하는 것과 같다. 충돌이 생길 것이다. 함께 일하고, 함께 이야기하고, 함께 기도해야 한다.

일단 공동의 비전이 수립되고 모든 사람이 참여했다면, 지도자는 신뢰 받고 책임감 있는 다른 사역자들에게 책임을 위임하여 그들이 성장하고 변화하는 것을 지켜 보아야 한다. 이것은 사명 중심 사역으로 인도하고, 사명과 비전이라는 가치의 맥락에서 사역을 하기 위함이다.

만약 지도력이 위임되지 않으면 의사 결정이 늦어지고 적절한 조치를 취할 수 없게 되며, 그리하여 여러분의 교회는 정체될 것이다. 결국엔 제때에 의사 결정하는 것을 잊어버리게 된다. 왜냐하면 모든 것이 여러분에게 달려 있기 때문이다. 사명과 비전에 대해서 더욱 혼란스러울 것이다.

모래 시계를 생각해 보라. 여러분의 지도자와 회중이 비전과 사명을 이해하도록 하고, 그들이 비전과 사명이라는 공통 가치에 따라 행동하도록 하라. 이 과정은 정기적으로 반복되어야 한다. 이 과정이 여러분의 교회 지도력의 평범한 패턴이 되어야 한다. 내가 아는 대부분의 교회에서는 이 패턴이 평범한 것이 아니다. **우리에게는 새로운 기준이 필요하다!**

성도들이 하나님이 주신 사명을 수행하기 위해 취해야 할 올바른 비전과 적절한 타이밍은 무엇일까? 어떻게 성도들이 연합하여 다시 사역으로 나가도록 할 수 있을까? 우리의 지도력이 너무 느슨하면 범퍼카 현상이, 너무 엄격하면 아주 소소한 것들까지 챙기느라 병목 현상이 일어날 것이다. 하나님께서는 지도자들이 다양한 사역팀을 이끌도록 은사와 재능을 주셨다. 여러분 혼자서 모두 할 수는 없다. 여러분은 지도자들이 자신들에게 맡겨진 일을 잘 할 수 있도록 그들을 준비시켜야 한다. 제자 훈련과 책임감, 신뢰, 의사소통과 같은 흐름을 조정하고 조화를 이끌어내기 위해서 지도자들과 자주 만나라. 이 흐름의 조화는 사명과 비전을 얼마나 잘 구축하는지 결정하는데 도움이 될 것이다. 이제 내 경험을 통해 실제 비전 모델을 보여주겠다.

비전 계획과 포용을 위한 모델
: 비전 트라이앵글

어떻게 모든 지도자가 줄을 서서 비전이라는 열차에 탑승하도록 할 수 있을까? 솔직히 말해서 내가 지도자들을 정기적으로 만나지 않는 한 방법을 알 수 없다. 여러분이 함께 평가하고, 계획하고, 문제에 대해 나누지 않는다면 어떻게 그런 일이 가능하겠는가? 나는 내 목회 사역부와 다른 이들에게 효과가 있는 모델을 발견했다. 이 모델 없이는 다시 목회 사역을 하지 않을 것이다.

'전략지도부'Strategic Leadership Team를 만들어 보라. 어떤 교회들은 이미 그들의 정관이나 교회 위원회에 실제로 이와 비슷한 조직을 가지고 있겠지만, 전략지도부는 그것과 많이 다르다. 전략지도부는 교회의 모든 목회자와 장로 뿐 아니라, 사역 프로그램과 의사를 결정하는 모든 담당자인 교역자와 평신도로 이루어진다. 왜 그런지는 곧 알게 될 것이다. 팀의 구성은 어느 정도는 교회의 정책 조직 구조에 달려 있다. 나는 이 과정이 한 명의 장로, 목회자, 또는 안수 집사가 있거나 복수의 장로부가 있는 교회에 효과적이라는 알게 되었다. 이 모임은 안건을 조정하고, 또 어느 정도 다루기도 한다.

전략지도부는 교회의 당회나 위원회와 같은 기능을 가졌지만 보통 공식적인 행정적 정치적 권한은 없다. 하지만 회중이 이 팀에서 제안하는 것에 점점 더 관심을 쏟게 될 것이다. 전략지도부는 큰 영향력을 가질 수 있지만, 이론상으로 반드시 정책 권한을 갖지는 않는다.

전략지도부는 교회의 모든 지도자들이 핵심 역량을 성취하고 실천하기 위해 계획된 방법의 가치를 이해하고 개발하는데 도움을 줄 것이다. 이 지도부를 구성하면 바로 성도들을 효과적인 토론의 장으로 이끌고 사명과 비전의 헌신자로 만들 수 있다. 이 팀은 자신들의 사역을 변호하거나 그들 사역에 대한 평범한 보고서를 제출하려고 있는 것이 아니다. 이러한 역할 때문에 전략지도부는 교회 당회나 위원회와 분리될 것이다.

전략지도부는 교회가 걷는 길을 분명히 하고 계속 전진하는지 확인하기 위해서 정기적으로 모여야 한다. 사실 '왜'라고 묻는 훈련은 지속적인 제자 훈련을 필요로 한다. 전략지도부의 기능적 측면의 일부는 교회 행사를 실질적으로 조직하고 기본적인 계획을 논의하는 것을 포함하지만, 주된 초점은 '평가'에 있다. 날짜, 조직, 평가, 의사소통과 같은 기능적인 측면에서 생각하라.

왜? 왜 또 다른 모임이 필요한가? 왜 또 귀찮게? 지도자들은 다리를 만들고 다른 이들과 모래시계 개념을 실천할 시간을 확보하여야 하기 때문이다. 지도자도 훈련이 필요하다. 비전은 그것이 제시될 적절한 곳이 있어야 한다. 지도자들은 기도가 필요하고 성령의 도우심이 있어야 한다. 전략지도부가 올바로 역할을 하면 엄청난 이점이 있다. 몇 가지만 말해 보겠다.

첫째, 전략지도부는 비전과 조정 단계의 연합을 도모한다. 이것은 다음 단계를 위해서 아주 중요하다. 조정 단계가 다음인데, 시간이 흐름에 따라 영적이고 기능적인 시너지를 창출할 기회를 제공하게 될 것이다. 이 기관을 통해 여러분은 서로 연결되어 올바른 선로를 달리게 할 다양한 열차를 만들 수 있게 되었다.

둘째, 전략지도부는 변화가 필요한 기간에 여러분의 지도부를 보호한다. 나는 나 홀로 추진한 어리석은 생각 때문에 전기톱으로 밑둥을 잘라 버린 나무 위에 앉아있고 싶지 않다. 요한 형제의 훌륭한 의견과 온 회중이 만장일치로 제안한 의견의 차이점을 생각해 보라. 전략지도부 없이 내가 다시 목회하는 일은 절대 없을 것이다.

셋째, 전략지도부를 정기적으로 만나는 지도자들은 교회의 일을 이 모임으로 쉽게 위임할 수 있다. 나는 전략지도부 모임을 하고서 다른 모임을 가질 필요가 없었다. 이 팀에서 여름성경학교나 가을 사경회, 혹은 새로운 사역들을 미리 다룰 수 있었기 때문이다.

마지막으로 전략지도부는 갈등을 줄이고, 특별히 교회 안에서 지도자와 위원회 사이의 긴장이나 오랜 갈등에서 오는 문제 해결을 위한 기회를 제공한다. 문제를 제기하는 바로 그 사람들이 종종 지도부회의에 참석하기 때문에 문제를 비밀리에 상의할 수 있고, 회중들 앞에 그 문제를 쏟아 놓기 전에 해결할 수 있다. 이것은 특히 전략지도부원이 목회자나 장로에 의해 선발된 것이 아니라 회중에 의해 지명되는 과정을 거쳐서 선택되었을 때 그렇다. 이렇게 모여 상의함으로 이들이 어떤 행동을 취하거나 문제를 위원회나 당회로 가져가기 전에 살피는 것을 기본 과정으로 자리잡게 한다. 그것은 또한 장로들이 더 큰 지도부 모임과 문제를 논의하는 장을 제공하기도 한다.

따라서 전략지도부는 지도자를 훈련시키고 개발하는 기회를 만들어 낸다. 모임은 기도와 묵상여러 지도자들이 돌아가며 인도할 수 있는, 그리고 관련된 책을 함께 읽거나 공부하는 것도 포함할 수 있다. 이 기회를 어떤 목회자가 거절할까? 목회자로서 내 일정의 가장 중요한 순간 중 하나는 유급 사역자 뿐 아니라 자원해서 섬기는 부서의 주요 지도자에게 제자 훈련을 하고, 사명을 가르치고, 비전을 제시하도록 이끄는 것이다.

전략지도부 모임은 아주 소중하므로 우선순위에 두어야 하고, 여러분은 모임을 위해 잘 준비해야 한다. 우리가 이 모임을 잘 준비해왔다면, 전략적으로 지도자들에게 모임을 위해 준비를 하여 발표하도록 요청할 수 있다. 전도사가 핵심 역량들을 달성하는 법에 관해 발표한다고 생각해 보라. 교회의 나머지 지도자들은 이제 이 발표에 대해 알고 온 교회에 퍼뜨릴 것이다. 회중이 여러분의 핵심 지지층이 여러분을 이해하게 되고, 심지어 여러분은 통제력을 가질 수도 있다. 그리고 나서 회중들과 소통하면 된다. 이 과정은 믿음과 신뢰를 구축한다. 이 팀은 공통 가치 구축에 도움이 된다. 모든 사람이 열차에 탑승하도록 돕는다. 선로, 모래시계, 다리, 전략지도부.

전략지도부에도 몇 가지 장벽은 있다. 만약 팀에 정직하고 진실된 피드백과 평가를 제공할 힘이 없다면, 팀원들은 자신들의 노력이 무가치하다고 인식하게 될 것이다. 모임에 공통 가치가 없게 될 것이고, 그러면 여러분은 지도자들이 참석하게 하는데 애를 먹을 것이다. 지도자로서 진실된 피드백에 대한 두려움을 극복해야 한다. 나와 전략지도부는 때때로 모임에서 설교를 평가하기도 했다. 이 팀은 지도자들이 진정으로 느끼고 생각하는 것을 함께 나누는 공론의 장이 되어야 한다. 이렇게 하는 것이 이 모임에 힘을 실어주고 큰 가치를 창출하게 한다. 그러면 지도자들은 이것을 진지하게 받아들여 교회의 건강함을 위해 열심히 일할 것이다. 많은 교회와 교회 지도자들은 다른 사람들에게 보이는 정직성과 투명성을 두려워한다.

전략지도부가 가지고 있는 다른 실질적인 문제는, 모임의 시간과 의사 결정 과정들이 너무 느릴 수 있다는 것이다. 다시 말하지만, 내 경험상 이 팀은 어떠한 공식적인 권한도 없다. 하지만 엄청난 영향력을 가진다. 예를 들어 장로들에게 어떤 중요한 생각이 있다면, 이것이 회중 전체에 퍼지기 전에 즉시 피드백을 받는 것이 좋은 생각 아닌가? 이 피드백 덕에 나는 한 번 이상 사임하지 않을 수 있었다.

솔직히 말해 어떤 지도자들은 효율적인 사역을 위해 권한을 위임하고 자신이 지도력을 장악하지 못하는 것에 너무 큰 두려움을 가지고 있다. 그들은 모래시계의 병목과도 같다. 나는 이런 목회자들에게 다른 사람들과 약간의 짐을 함께 나누어 지는 편이 더 건강할 것이라고 말씀드린다. 여러분은 사역을 더욱 즐기게 될 것이고, 자유 시간도 생겨서 더 오래 기도하고 연구할 수 있을 것이다.

최소한 규칙적으로 교회의 지도자들과 기도하려 하지 않겠는가? 언제 여러분의 교회 지도자들이 정기적으로 함께 모여서 하나님의 뜻을 구하겠나? 여러분은 정말 여러분 교회의 행사와 프로그램을 지도자들과 함께 기도로 준비하는가? 하나님의 계획이 무엇일지 기도로 묻고자 함께 시간을 보내지 않는다면 어떻게 하나님이 여러분의 계획을 축복하시리라 기대할 수 있나?

전략지도부의 사역 과정

전략지도부의 실제 과정을 더 자세히 살펴 보자. 우리가 "모래시계"처럼 지도력을 조절해야 함을 기억하라. 우리는 모든 사람을 정기적으로 모아서 훈련하고 사명과 비전을 더 잘 이해하도록 도모한다. 그들은 통제하기 위해 모이는 것이 아니다. 올바른 공통 가치는 새로운 기준을 제시할 수 있다. 지도자들은 과거를 돌아보고 평가하거나 미래를 향하여 전략적 계획을 세우는 데 시간을 쓸 것이다.

비전 개발은 전략지도부의 주요 기능인데, 연구에 따르면 20% 미만의 교회만이 전략적 계획을 짜는 일을 하고 있다. 이는 창피한 일이다. 우리의 계획은 하나님의 주권에 대한 이해와 추구, 그리고 순종하는 마음과 조화를 이루어야 한다. 오브리 맬퍼스Aubrey Malphurs는 "우주의 주권자이신 하나님 앞에서 열린 마음으로 여러분의 계획을 붙잡으라"고 했다. 하나님은 성경을 통해 자기 백성을 전략적으로 이끄셨던 전능한 계획가이시다. 우리의 목표는 그분의 계획을 이해하고 그대로 살아내는 것이다.

어떤 사람들은 계획이 필요 없다고 말한다. 그들은 계획을 세우는 것이 믿음과 신뢰가 부족해서라고 주장한다. 잠언 19:21을 보면 "사람의 마음에는 많은 계획이 있어도 오직 여호와의 뜻만이 완전히 서리라"라고 말씀하고, 스가랴 4:6은 "그가 내게 대답하여 이르되 여호와께서 스룹바벨에게 하신 말씀이 이러하니라 만군의 여호와께서 말씀하시되 이는 힘으로 되지 아니하며 능력으로 되지 아니하고 오직 나의 영으로 되느니라"고 말씀한다. 우리가 감히 계획을 세울 수 있을까?

우리는 어떻게 주님의 주권을 최선으로 섬기고 그것에 순종할 수 있을지 답해야 한다. 그 답은 항상 어떤 계획에 있다. 누가복음 14:25-33에서 예수께서는 제자도에 따르는 대가에 대해 말씀하셨다. 그 값이 너무 커서 미리 생각해 놓아야 한다. 그 값을 계산할 계획도 필요하다. 우리의 목표는 하나님의 계획을 이해하고 그대로 살아내기 위해 헌신하는 것이다. 지금까지 우리 논의의 골자를 떠올려 보라. 하나님의 말씀과 성령의 힘이 모든 것을 이끌었다. 우리는 이 과정을 통해 나타나시는 하나님과 그분의 주권에 의지한다.

전략지도부는 교회의 주요 지도자들이 함께 모여 하나님의 계획을 실천하는 것이 무엇을 의미하는지, 그리고 회중이 어떻게 하나님의 계획을 실천하고자 전진할 수 있을지 논의하도록 계획된 시간을 분배한다. 지도자들이 기도하고 하나님의 뜻을 구하는 집중된 시간을 할애하게 한다. 이것이 교회가 초점을 흐트러뜨리지 않고 목적에 집중하는데 도움을 준다.

내가 실행할 수 있게 했던 실제 과정의 기본 설계를 공유하고 싶다. 이론적인 문서는 아니다. 이는 내가 섬기고 자문해 주었던 교회 사무실 벽들에 많이 걸려 있다. 지도자들은 골자를 형성하는데 도움이 되는 용어와 그것에 대한 정의를 사용하기 시작했다. 이 모델은 여러분이 열차를 제작하도록 도울 뿐 아니라, 열차가 주님에 의해 이미 놓여진 선로를 계속해서 달리는데 도움을 줄 것이다.

이 삼각형 모양의 이미지는 교회이다. 이것이 '왜, 누가, 무엇을, 어떻게'를 보여줄 것이다. 또한 비전 계획과 평가를 위한 안내가 될 것이다. 우리는 전체 과정을 뒷받침하고 그 기초와 안내가 되는 성경 구절을 찾아볼 것이다. 성경이 지도부를 어떻게 이끄는지 지켜보라.

교회의 기초는 반드시 하나님의 말씀 그 자체이신 예수 그리스도에 기반해야 한다. 삼각형 이미지의 맨 아래에 있는 출발점은 그분을 알고 그분과 같이 되고자 하는 우리의 열망이다. 이것은 또한 우리의 최종 목적이기도 하다. 우리는 제자도와 성화라는 우리의 최종 목표를 나타내기 위해 "그리스도를 닮음"이라는 표현을 사용할 것이다. 여러분은 여러분의 상황에서 최종 목표를 가장 잘 설명하는 표현을 사용하면 된다. 우리는 하나님의 말씀과 우리를 향한 뜻을 어떻게 실천할 수 있나? 우리는 어떻게 예수님처럼 될 수 있나?

삼각형 이미지 꼭대기에 있는 교회의 절정은 우리의 사명을 나타내야 한다. 우리는 그리스도께 영광을 돌리려 노력해야 한다. 이 목표는 실제로 무엇인가를 의미한다. 우리가 '무엇을, 어떻게, 왜' 하느냐는 중요하다. 이 과정이 중요하다.

예수님은 교회의 알파와 오메가이시다. 그분은 우리 삶의 처음과 나중이다. 우리의 기반이자 종착지이시다. 여러분의 지도자들에게 신학, 사명, 성경을 가르치기 위해 이 삼각형 이미지를 사용하라. 이게 무슨 뜻일까? 어떻게 신학, 사명, 성경이 우리 삶과 회중에 영향을 미칠까? 이것들은 실제 의미를 가진다. 교회 지도자와 성도, 공동체를 위해 만들어진 공통 가치는 이러한 토대로부터 형성된다.

이전 평가 단계에서 우리는 왜 교회이고, 누가 교회가 되어야 하는지 성경에서 찾고 가르치는데 시간을 보냈다. 교회 현황과 제자도 목표 개발에서는 '왜' 그리고 '어떤' 구성원이 되어야 하는지 설명했다. 이제 이것들이 회중의 삶에서 실제적인 무엇인가를 나타내야 할 때이다. 이것이 삼각형 이미지의 다음 부분이 될 것이다.

우리는 예수를 닮는 것과 그리스도께 영광을 돌리는 것이 무엇인지 정의 내려야 한다. 또 실천적으로 발전할 수 있어야 한다. 우리는 강단에 서서 "예수를 닮으십시오" 혹은 "하나님께 영광을 돌리십시오"라고 하루 종일 소리 칠 수 있다. 하지만 그것이 정말 의미하는 것은 무엇일까? 이런 외침은 곧 교회 현수막 문구로 축소되고 우리의 마음과 삶에서 의미 없이 떠돈다. 그러다가 얼마 지나지 않아 의미를 잃는다. 우리는 예수를 닮는 것의 의미를 자주, 세심하게 정의 내려야 한다.

삼각형 이미지의 아래에서 위로 옮겨갈수록 우리는 계속 개념을 정립하게 된다. 앞으로 개념을 정립하는 모든 것은 이미 다루어진 내용을 기반으로 한다. 우리는 앞서 설명한 **성장하는 제자의 핵심 역량**이 이 도식의 어느 부분을 차지하는지 알고 있다. "되고, 알고, 행하라"는 제자도의 목표는 그리스도를 닮고 하나님께 영광을 돌린다는 것이 어떤 의미인지에 대한 질문에 답을 준다. 이 제자도의 목표는 교회 구성원의 기대치를 자세히 설명한다. 사도행전이나 다른 건강한 교회의 성경적 모델이 우리가 평가 단계에서 다룬 이 목표들을 묘사할 표현과 본보기를 제공할 것이다.

기독교와 교회 구성원의 공통 가치를 설교하고, 가르치고, 설명하는 것은 중요하다. 더 많은 교회 지도자들이 이 주제를 다룰 때 더 많은 교회가 올바로 갈 수 있다. 모든 교회 구성원은 반드시 핵심 역량을 이해하고 그것에 가치를 두어야 한다. 모든 연령층이 반드시 핵심 역량을 성취하도록 노력해야 하고, 교회의 일정을 세우는 과정은 교회 구성원들이 핵심 역량을 성취하는 것을 돕는 방향으로 추진되어야 한다. 왜냐하면 이렇게 하는 것이 교회가 그들로 하여금 그리스도를 닮게 하는 것이고, 그리스도께 영광을 돌리게 하는 것이기 때문이다. 교회 구성원들은 왜 그런지 이해할 수 있게 된다.

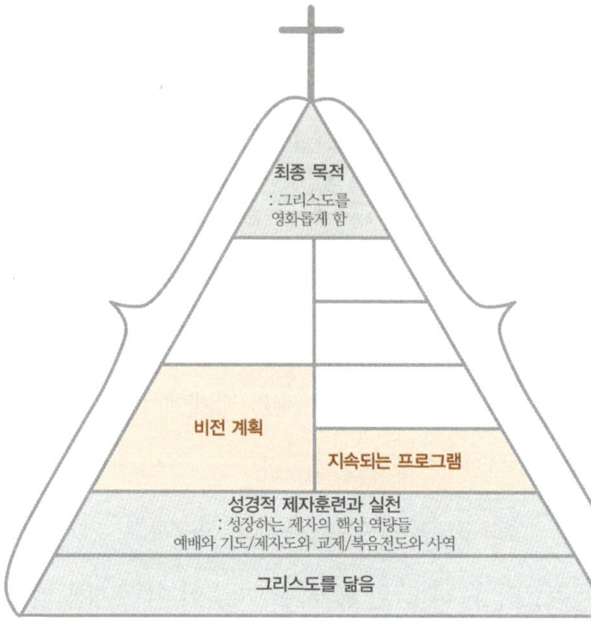

이 핵심 역량을 바탕으로 전략지도부가 비전 계획을 할 수 있다. 첫째로, 교회는 지속되는 프로그램의 계획과 일정을 세워야 한다. 이것은 교회가 매주 또는 정기적으로 계획하는 활동이다. 매주 언제 어디서나 교회는 이 사역에 참여해야 한다. 예배는 가장 큰 프로그램이며 주로 소모임이 그 다음이다.

이 프로그램은 교회 구성원이 개인적이고 주관적인 의견이나 전통이 아니라 성경적인 목표나, **성장하는 제자의 핵심 역량**을 성취하도록 계획되어야 한다. 이것이 어떻게 구성되었는지 도식을 통해 확인할 수 있다. 그리스도를 닮는 것, 더 직접적으로 말해 핵심 역량들은 계획을 세우고 평가하기 위한 여과 장치가 된다. 그리스도를 닮는 것은 예수님처럼 사는 것이기 때문에 우리가 계획을 세울 때 이것에 기반해야 하고, 교회 구성원들이 이 목표를 성취하도록 돕는데 초점을 맞추어야 한다.

예를 들어, 여섯 가지 성경적 기능과 열 다섯 개의 핵심 역량이 있다면, 전략지도부는 교회 구성원들이 핵심 역량을 성취하는데 가장 도움이 되는 프로그램의 구조 및 일정을 결정한다. 핵심 역량 혹은 제자도의 목표는 의사 결정의 모체가 된다. 이 방법론적 모체는 지도부 논의의 주된 초점이 되고, 주관적이기보다 성경적으로 상황을 앞서 주도하게 한다. 새롭게 세워져야 하는 교회에게 이 과정은 중요하다. 성장하는 제자가 되기 위해 교회 구성원들이 제자도의 목표를 달성하도록 돕는 모든 일을 어떻게 계획할 수 있을까? 왜 우리는 또 다른 일도 해야 할까?

특별 프로젝트를 계획하는 것이 다음 단계이다. 특별 프로젝트는 가끔 혹은 일생에 한 번 열리는 특별한 행사를 말한다. 다시 말하지만, 우리는 삼각형 이미지의 아래에서 위쪽으로 가고있다. 그러니까 그리스도를 닮는 것과 핵심 역량은 중요하고 일차적인 여과 기능을 한다.

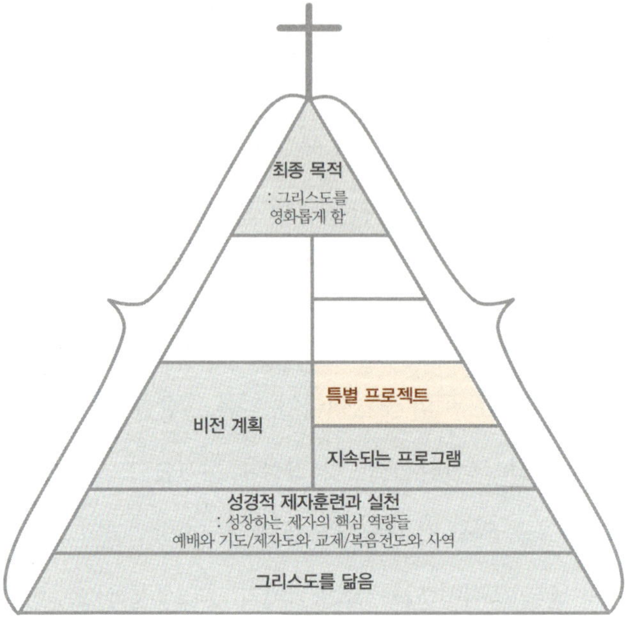

불행히도 교회 건강의 비결처럼 보이는 사실이 있다. 특별 프로젝트는 진행 중인 프로그램 위에 세워져야 한다는 것이다. 나는 큰 행사에 많은 돈과 시간을 사용하고 나서 혹시 올지도 모르는 사람들에 대한 후속 조치가 없는 교회를 보았다. 우리는 참된 제자도가 '행사'가 아님을 꼭 기억해야 한다. 제자도는 과정이다. 우리는 성도들이 삶에서 다른 사람들과 시간도 보내고 제자도의 목적이나 핵심 역량을 성취하는 회중의 지속되는 프로그램에 참여하기를 원한다. 특별한 행사에서 회심과 어떤 배움이 있을 수 있지만, 교회의 진정한 삶은 매주 회중 공동체에서 일어난다. 앞서 언급했듯이 우리는 기본 구조를 먼저 만들어야 한다. 따라서 여러분은 특별 행사를 여러분의 주간 계획을 광고하거나 홍보하는 용도로 사용하는 것이다. 예를 들어, 여러분은 어떻게 그러한 큰 행사를 이용하여 사람들이 소모임에 참석하도록 유도할 수 있을까?

나는 우리 교회에서 소그룹에 참석하도록 하는 소모임 제도를 준비하고 조직하기 위해 R.E.A.C.H.Reaching Every Available Community Household!라는 사역을 만들었다. 우리는 특별 행사에 참석했던 수천 명을 며칠 이내로 추적할 수 있었다. 왜냐하면 우리 교회 구성원 전체가 소모임이라는 관계의 방식으로 그렇게 할 수 있도록 조직되고 준비되어 있었기 때문이다. 여러분이 이 사역 과정에 대해 더 알고 싶다면 이 책의 끝에 있는 정보를 확인하기 바란다.

전략지도부는 이 과정에서 최선의 제자 양육 기회를 보장할 수 있도록 모든 단계를 계획해야 한다. 모든 사람이 같은 방에 있다면 여러분은 그들이 모두 같은 것을 바라볼 수 있게 할 수 있고, 안내자가 없어서 수많은 사역들이 미친듯이 따로 노는 일은 없게 될 것이다.

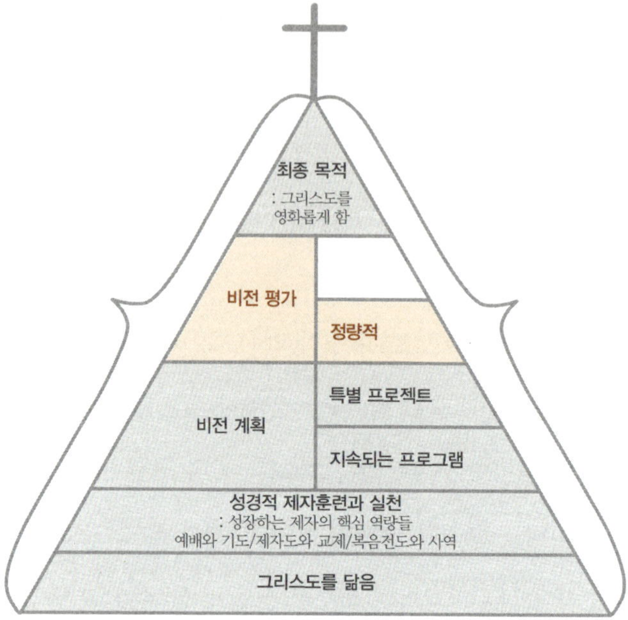

전략지도부는 비전 평가의 단계로 들어간다. 여기에서 항상 거론되는 '계획성'이 이 단계의 특수성을 드러낸다. 교회 지도자들이 지속적으로 토론과 기도, 교회 프로그램과 행사를 계획하고 평가하기 위해 모이는 것이 가질 영향력을 생각해 보라. 이 모임은 교회의 일정이 올바로 진행되게 할 것이다.

전략지도부 평가의 첫 번째 측면은 정량적 평가이다. 이 과정에서는 숫자를 다룬다. 숫자는 교회를 평가하는데 도움이 되지만 절대로 우리의 최종 목적은 아니다. 마지막 임무를 수행하기 전까지 얼마나 더 많은 단계들이 있을지 생각해 보라.

예를 들어, 사역에 아무도 참석하지 않는다면 그 사역은 다시 평가 받아야 한다. 왜 그런지 이유도 알아야 한다. 반대로 많은 사람들이 참석할 때도 그 이유를 알아야 한다. 교회에 있는 유아용 침대보다 신생아들이 더 많이 태어날 것이라는 사실을 파악하였다면 계획이 필요하다. 특별 행사에 큰 돈과 많은 시간의 노동이 들어갔는데 우리가 제자도를 향한 어떤 진전도 볼 수 없다면 왜 그 행사를 다시 해야 할까? 다른 어떤 방식으로 행사를 해볼 수 있을까? 우리는 셈하는 것을 두려워 할 이유가 없다. 숫자는 우리의 주된 목표가 아니다. 숫자는 정량적 문제와 발전의 증거 및 지표이다.

사도행전 2장에서 우리는 삼천 명이 구원 받았다는 것을 알고 있다. 성령은 우리가 그 이야기를 알 수 있도록 보존하셨다. 왜 그러셨을까? 베드로가 금새 초대형 교회 목회자가 된 것을 자랑하라고? 아니면 침례세례를 가장 많이 주어서 상을 받게 하려고? 물론 그렇지 않다. 그 이야기는 그리스도께서 행하신 현실의 증거이다. 예수님은 자신이 말씀하신 그분이며, 자신이 하시겠다고 말씀하신 대로 행하셨다. 그리고 오늘날 성령이 정말 오셨다! 숫자는 양적 성장의 증거이자 지표이다. 같은 방법으로 숫자를 사용하라. 하나님을 자랑하기 위해 숫자를 사용하라!

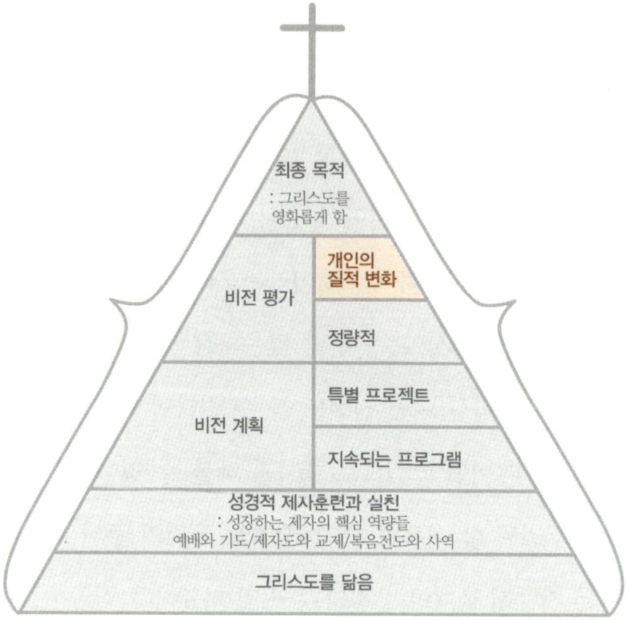

전략지도부가 이를 다음 단계는 개인적 변화의 정량적 평가를 내리는 '비전 평가'이다. 양적 정보가 얼마나 유용한 기본 정보를 제공했는지 생각하여 보라. 하지만 이제 전략지도부는 더 중요한 문제를 맞이하였다. 이 단계는 하나님께 영광을 돌린다는 최종 목표를 바로 앞에 두고 있다. 양적 성장으로 하나님께 영광을 돌릴 수도 있고 아닐 수도 있다. 하지만 우리는 진정한 제자도를 알고 있다. 실제적이고 개인적인 변화, 그리고 양적 성장은 그분께 영광을 돌린다. 이것이 지상명령이 불러오는 결과이다. 개인적 변화에 관한 질적 평가는 다음과 같은 질문들을 던진다. 교회는 개인적 변화에 관하여 정의 내렸나? 성장하는 제자를 위한 핵심 역량은 무엇인가? 우리는 어떻게 되어야 하나? 우리는 무엇을 알아야 하나? 우리는 무엇을 행하여야 하나? 이것들을 어떻게 평가할 수 있나? 이것들을 어떻게 가르치고 증진시킬 수 있을까? 이것이 이해되고 가치 있게 여겨지고 있나? 아이들에게는? 청년들에게는? 장년들에게는?

교회는 정말로 제자를 양성하고 있나? 지금은 앞서 던진 질문이 시행되고 있을 때이다. **나는 이것이 이론적 대화가 아니라고 말한 바 있다.** 삼각형 이미지는 교회에서 실제로 효과가 있는 기록이자 과정이다. 이 과정은 교회 지도자들이 중요한 질문에 답하고 자신들의 실제 현황을 설명하게 한다. 모든 지도자들이 정기적으로 모여 교회 내의 다른 지도자들과 이런 종류의 대화에 참여하면 어떨까? 이것 때문에 생겨날 기도의 필요성과 기도 요청에 대하여 생각하여 보라. 일반적인 기도제목보다는 전략과 목표 달성이라는 특정한 주제들에 대하여 말이다. 이러한 과정을 겪으면서 여러분 교회의 전략지도부가 제자 됨에 관하여 몸소 겪어 보게 될 것을 상상하여 보라.

개인의 변화에 대한 질적 평가를 한 후 우리는 맨 위로 간다. 여기서는 다음 질문들을 할 것이다. 우리가 정말 하나님을 영화롭게 하는가? 우리가 정말 그리스도께서 받으실 만한 찬양을 드리나? 우리가 이것을 어떻게 알 수 있을까? 삼각형 이미지의 아래를 보라. 거기에서 발견할 수 있거나, 아닐 것이다.

전략지도부는 삼각형 이미지 속의 과정을 아래에서 상향으로만 수행할 수 있는 것이 아니라, 위에서부터 하향으로 수행할 수도 있다. 모든 것의 기준이 되는 궁극적 사명에서 시작하여 하나님께 영광을 돌리고자 교회가 무엇을 하고 있는지, 아니면 무엇을 했는지 질문하며 하향으로 수행할 수 있다. 그리스도를 영화롭게 하는 것은 여러분의 교회 생활에서 실질적인 무엇인가를 의미하는 것이다.

다음으로 넘어가기 전에 삼각형 행렬의 두 지지대를 살펴보아야 한다. 이 두 지지대가 구조를 계획하고 평가하는 과정 전체를 함께 떠받치고 지지한다. 지지 구조로 표현되는 각 영역들은 이 과정의 모든 단계에서 항시 고려되어야 한다. 아래 삼각형 이미지를 보라

첫 번째 지지대는 '현실적인 지원'이다. 여기에는 예산, 인사, 공간 사용, 시간이 포함되지만 여기에 국한되지만은 않는다. 이 지지대 이미지는 전략지도부가 세부사항을 간과하지 않도록 상기시킨다. 여러분은 주차, 아이 돌보미, 안내, 보안 팀, 그리고 사역 경험이 요구하는 무엇이든 필요할 것이다. 여러분이 이것들을 왜 필요로 하는지, 어디에서 필요로 하는지 알 수 있다.

두 번째 지지대는 '영적인 지원'이다. 여러분은 어떻게 이 과정 전

체를 기도로 적시고 있나? 여러분은 각 단계마다 기도하고 있는가? 성령에 얼마나 의존했고, 의존하고 있나? 방향을 찾기 위해 성경을 보고 있는가? 이 삼각형 이미지는 전략지도부가 영적 지원의 우선성을 절대 잊지 않도록 시각적으로 돕는다.

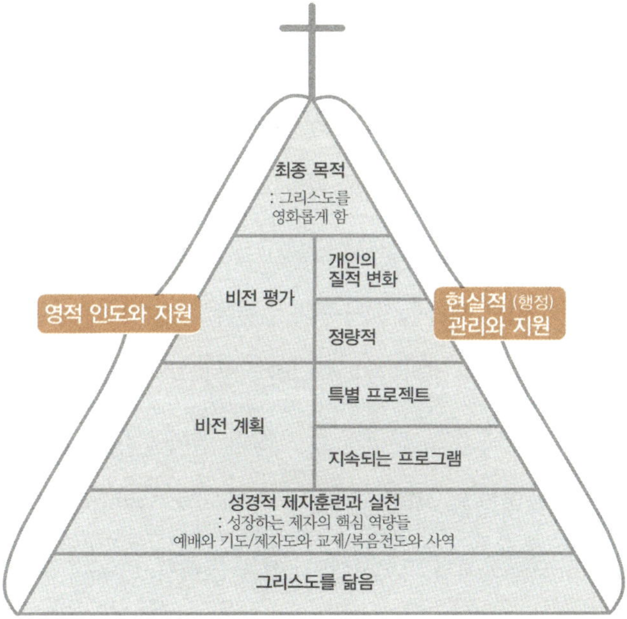

본질적인 기도의 힘

열차가 선로를 따라 아래로 움직이려면 강력한 엔진이 필요하다.

열차의 엔진이 차량을 밀지 않고 어떻게 끌어당기는지 주목하라. 엔진은 앞에서 이끈다. 가장 먼저 보이고, 빛을 비추며, 열차가 선로에 있도록 안전하게 책임지는 것이 엔진 차량이다. 나머지 차량은 연결되어 엔진의 힘에 의지해서 움직인다.

여러분의 사역과 교회는 어떤 힘에 의지하고 연결되어 있나? 누가 앞장 서서 여러분의 교회를 이끄는가? 모두가 볼 수 있는 선봉에는 무엇이 있나? 성령께서 진정으로 여러분과 여러분의 교회를 이끌고 계시나? 여러분은 성령님을 따르고 있는가?

성공하는 힘은 우리에게서 나오지 않는다. 사도행전은 단순히 어떻게 일군의 인간 제자들이 지중해 주변에서 예수님에 대한 이야기를 퍼뜨렸는가에 대한 이야기가 아니다. 그것은 성령 하나님이 오셔서 그들을 충만케 하시고, 진리가 온 세상에 영향을 미치는 가운데 그들 앞에 놓은 장벽들을 어떻게 극복하게 해 주시는가를 보여주는 이야기이다. 사도행전에서 몇 번이고 대적을 물리치고, 유혹과 죄, 시련을 통해 교회를 인도하며 성령의 힘이 관여하시는지 보라.

하나님의 말씀을 공부하는 것이 이 힘을 활용하는 주된 경로이자 근원이다. 나는 신중한 성경연구의 필요성에 대해 이미 언급한 적 있다. 더하여서, 기도는 우리가 이 힘의 역사에 참여하는 중요한 통로이다. 교회 지도자들과 구성원이 진정으로 새롭게 되는 교회의 갱신은 기도 없이 일어나지 않을 것이다.

교회 지도자와 구성원들은 하나님의 주권을 인정해야 한다. 마태복음 16:18은, "또 내가 네게 이르노니 너는 베드로라 내가 이 반석 위에 내 교회를 세우리니 음부의 권세가 이기지 못하리라"고 말씀한다. 나는 이 구절과 함께 고린도전서 3:6-7도 자주 언급했다. "나는 심었고 아볼로는 물을 주었으되 오직 하나님께서 자라나게 하셨나니 그런즉 심는 이나 물 주는 이는 아무 것도 아니로되 오직 자라나게 하시는 이는 하나님 뿐이니라." 하나님이 성장을 주관하신다. 교회는 그분의 것이다.

언급한 바와 같이 효율적인 지도자는 "나를 떠나서는 너희가 아무 것도 할 수 없음이라"요 15:5는 말씀을 인정한다. 그들은 그리스도 밖에 있는 자신들의 무능력을 알고 있다. 그들은 스스로, 그리고 자신의 힘으로 열차를 움직이려 하지 않는다. 이 지도자들은 반드시 하나님이 주신 사명을 이해하고, 그것을 성취하기 위해 그분의 말씀에 기초해서 비전을 세우고, 다른 지도자들이 그 비전에 동참하도록 하며 매 단계 기도해야 한다는 것을 안다. 기도는 그분과 온 세상, 그리고 교회를 통치하시는 그분의 주권을 인정하게 한다.

하지만 역설적이게도 성경은 기도하는데 있어 교회 자신의 역할이 있음을 알아야 한다고 말씀하고 있다. 야고보서 4:2은 "너희가 얻지 못함은 구하지 아니하기 때문이요"라고 말씀하고, 마태복음 18:19-20은 "진실로 다시 너희에게 이르노니 너희 중의 두 사람이 땅에서 합심하여 무엇이든지 구하면 하늘에 계신 내 아버지께서 그들을 위하여 이루게 하시리라 두세 사람이 내 이름으로 모인 곳에는 나도 그들 중에 있느니라"라고 말씀한다. 하나님은 그분의 계획에 참여하도록 우리를 택하셨다. 이것은 정말 놀랍고 은혜가 넘치는 진리이다. 그분은 우리에게 기도하라고 명령하셨다. 왜냐하면 그분이 통치하시므로, 우리의 기도가 그분의 계획에 합당하다면 언제든 응답하실 수 있기 때문이다. 반드시 하나님과의 관계가 건강해서 우리의 기도가 그리스도의 마음과 생각과 조화를 이루어야 한다. 그런 때에야 성령의 능력이 임재한다.

나는 종종 목회자들에게 무엇을 기도하느냐고 묻는다. 여러분은 지역 사회의 잃어버린 영혼을 위해서 기도하는가? 여러분은 하나님께서 여러분의 교회를 갱신하셔서 주님으로 향하는 선로로 내보내기를 진심으로 간청하고 있는가?

나는 기도를 너무 많이 한다는 교회 지도자들을 아직 못 만났다. "저는 기도하는데 시간을 너무 많이 쏟아서 그 시간을 조금 줄여야 해요"라고 말하는 목회자를 만나보지 못했다. 우리가 기도실에서 더 집중한다면 우리 사역 현장에서 더 많은 일이 벌어지는 것을 볼 수 있을 것이다.

효율적인 사명 중심 지도자는 자신의 개인 기도 생활 뿐 아니라 온 회중이 기도를 경험하도록 한다. 기도는 삶의 중요한 부분이 될 것이며 전도 활동에 영향을 미칠 것이다. 기도는 그들의 공동의 시간에 스며들어가고 기도회 모임과 특정한 기도 사역에서도 드러날 것이다. 기도에 대한 강조는 그것에 대한 집중을 요구한다.

정말로 기도하는 교회가 돼라. 기도 전략을 활성화하라. 예수님은 마태복음 9:37-38에서 "이에 제자들에게 이르시되 추수할 것은 많되 일꾼이 적으니 그러므로 추수하는 주인에게 청하여 추수할 일꾼들을 보내 주소서 하라 하시니라"라고 가르치셨다. 로마서 10:1은 "형제들아 내 마음에 원하는 바와 하나님께 구하는 바는 이스라엘을 위함이니 곧 그들로 구원을 받게 함이라"라고 말씀하고 있다. 우리는 어떻게 기도해야 하고, 무엇을 위해, 언제 기도해야 할까?

내가 앞서 말한 R.E.A.C.H. 사역에는 소모임에서 집중하여 기도하는 과정이 있다. 여러분이 R.E.A.C.H.의 구체적인 정보에 대해서 더 알고 싶거나 개인적인 자문을 원한다면 www.needanewnormal.com으로 연락하거나, 이 책의 끝부분에 있는 정보를 확인하라. 우리는 다른 사람을 위해서 기도했을 뿐만 아니라 그들의 공동체를 위해서도 기도했다. 매주 함께 모여 잃어버린 영혼의 이름을 부르며 기도했다. 이것이 강한 역동성과 기대감을 불러일으켰고, 소모임과 기도에 대한 공통 가치를 갖게 하였다. **이것이 새로운 기준으로 이끈 것이다.**

기도는 우리 개인의 삶, 소그룹 사역, 그리고 공동의 예배에도 스며들어야 한다. 이것은 교회가 부흥과 성장을 경험하고 새로운 기준을 성취하는데 본질적인 문제이다. 역사적으로 하나님의 백성이 먼저 합심해서 기도하지 않는 한 영적 각성은 일어나지 않았다. 기도가 첫 번째 단계이다. 매 단계에 기도하라. 사적으로나 공개적으로 여러분의 지도자와 함께하거나 혼자서 기도하라.

결론

'비전'은 특정한 시간과 장소에서 특정한 사람들이 궁극적인 사명을 수행하기 위한 구체적이고 상황에 맞는 계획이다. 이 총체적 과정에서 평가와 현황 단계에 올바르게 기반한 비전 계획이 나온다. 이것이 교회가 적응을 잘 하도록 돕는 지속적인 지침을 제공할 것이고, 결국 적절한 가르침과 실천을 가져올 것이다. 올바른 열차를 생산하기 위해 함께 일하면서 지도자들은 의견을 같이 하고, 제자도의 핵심 역량들을 성취하면서 제자 됨과 발전하는 것이 무엇인지를 경험하게 될 것이다.

우리는 하나님의 말씀과 기도를 통해 이 비전을 반드시 구해야 한다. 성령의 힘이 이끌어가실 것이다. 그렇지 않다면 우리는 우리 자신의 힘으로 지속하면서 선로를 천천히 달리며 계속해서 삐걱거리는 소리를 내다가, 결국엔 선로에서 벗어나서 심하게 부서질 것이다. 하지만 사명을 향한 비전이 진정한 힘과 사람들이 만나는 지점에 함께 한다면 놀라운 시너지 효과가 발생할 것이다. 사람들, 프로그램 기획, 교회 재정이 상황에 맞는 비전과 묶여서 궁극적인 사명을 달성하고자 한다면 믿기 힘들 정도로 강력한 힘을 발휘할 것이다! **이것이 여러분의 새로운 기준이 되어야 한다.**

뉴노멀

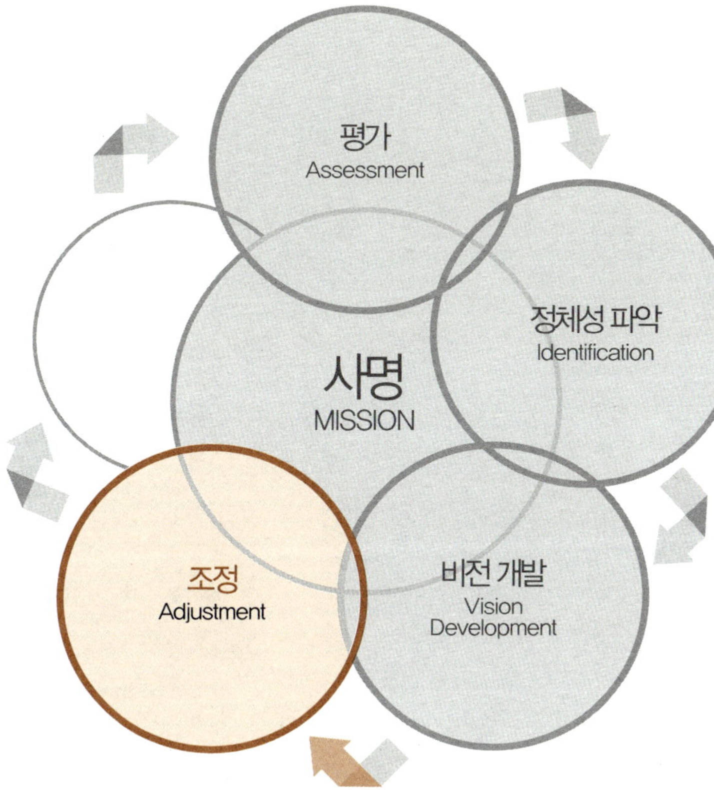
평가
Assessment
정체성 파악
Identification
사명
MISSION
비전 개발
Vision
Development
조정
Adjustment

6장

제 4단계
- 조정

나는 해마다 여러 차례 아프리카의 여러 지역에서 시간을 보낸다. 수년 전에 딸 레이첼과 우간다에 갔다. 리더십 개발 계획 제휴의 일환으로 온 지도자들에게 수업을 했다. 레이첼은 내가 가르치는 동안 외부 사역을 하고 있었다. 좋은 시간을 보내고자 선교사 동료들과 함께 며칠 시간을 내서 야간 사파리에 다녀왔다. 우리는 첫날에 동물도 보고 수백 장의 사진도 찍으며 아주 좋은 시간을 보냈다. 그날 밤 우리는 하마들이 킁킁 거리는 소리를 내는 나일 강변에서 텐트를 치고 잤다.

야영장의 주인은 밤이 되면 하마들이 강에서 나와 야영장 주변 풀을 뜯어먹지만 걱정할 필요는 없다고 했다. 물 밖에서 사람들이 하마들을 무서워하는 것보다, 하마들이 사람들을 더 무서워하기 때문이었다. 나는 아프리카에서 다른 어떤 큰 동물들보다 하마가 사람을 더 많이 죽인다는 사실을 알고 있었는데도 어떻게 편안하게 있었는지 모르겠다. 아무튼 우리는 텐트로 갔다.

새벽 2시쯤에 레이첼이 일어나라고 속삭였다. 텐트 밖에서 나는 소리를 들었던 것이다. 하마였다! 하마 한 마리가 내 침낭 옆에 그물로 만든 경계 바로 옆에서 풀을 아작거리며 씹고 있었다. 나는 가까스로 그 거대한 동물의 형태를 알아볼 수 있었다. 나는 한밤 중에 하마의 거대한 입이 풀잎에 세차게 부딪히는 소리에 불안했음을 인정할 수밖에 없겠다.

나는 한밤 중에 깨어 흥분한 상태였다. 화장실에 가야했다. 화장실은 텐트 밖에 긴 매트로 만들어진 별채 형태의 구조물이었다. 레이첼은 가지 말라고 경고했지만 당시에는 두려워서 텐트에 머물러야 한다는 생각보다는, 화장실에 가고자 하는 욕구가 더 컸다. 텐트에서 나가기 위해 지퍼를 열고 찍찍이 덮개를 떼어 냈다.

하마들이 찍찍이 소리를 듣는 순간 한 곳으로 우르르 몰렸다. 쿵쿵거리는 소리와 함께 달렸다. 그들은 즉시 물 속으로 내달렸다. 하마들이 안전하다고 생각하는 강으로 질주할 때 나는 땅이 흔들리는 것을 느꼈다. 그들이 강에 들어가면서 첨벙거리는 큰 소리가 들렸다. 그때 그들을 보았다면, 아마 그들은 강한 송곳니를 드러낸 채 입을 활짝 벌리고 자신들을 쫓아올 어떤 용맹한 이라도 두들겨 부술 만한 모습이었을 거라 생각한다. 캠프에 있던 다른 사람들은 내가 한밤 중에 화장실에 갔던 일을 좋아하지 않았겠지만, 레이첼과 나는 "하마의 밤"을 결코 잊지 못할 것이다.

상대를 죽일 수 있는 거대한 생명체가 찍찍이 뜯는 소리를 두려워했다는 사실에 대해 잠깐 생각해 보라. 멍청하고 비합리적인 것 같지만 그것이 현실이었다. 정말 진짜로! 때때로 두려움은 정말 비합리적일 수 있다. 비합리적인 두려움에 과잉 반응하는 것은 땅을 흔들리게 할 수 있다.

교회 지도자로서 다음 단계를 밟아야 한다는 필요성을 느끼는 것이 안락하고 안전하게 머무르려는 열망이나 두려움보다 커야 한다. 네 번째 **'조정'** 단계에 이른 것을 환영한다. 우리는 이 단계에서 거대한 포식자들이 소동을 일으키지 않도록 최선을 다할 것이다!

일단 지도부 연합체가 열차에 탑승하고 열차가 출발할 준비가 되었다면 여러분은 반드시 다음 단계로 들어가야 한다. 이것은 피할 수 없다. 인정하건대, 이 단계가 가장 어렵다. 이제까지 우리가 다룬 대부분은 가르침이나 토론 등과 관련한다. 여러분은 아직 그만두거나, 안전하고 안락하게 머무르기 위해서 아무것도 하지 않을 수 있다. '조정'은 실제 변화가 일어나는 단계이다. 이 단계는 평가, 정체성 파악, 비전 개발에서 한 모든 작업을 바탕으로 교회가 어떤 일을 시작하거나 멈출지, 혹은 바꾸고, 조정하고, 새로운 기준을 세울지를 실제로 결정한다. 여러분은 반드시 준비되어 있어야 한다.

나는 교회에 새로 부임하여 바로 조정 단계부터 시작하려는 현명하지 못한 많은 지도자들을 보아 왔다. 조정은 **네 번째** 단계라는 점에 유의하라. 모든 것을 바꾸고 한꺼번에 무엇인가 하려고 하기 전에 여러분이 누구인지, 어디에 있어야 하는지 평가 작업과 정체성 파악을 거친 후 비전을 개발하는 것이 지혜로울 것이다.

평가 작업의 조사를 바탕으로 정체성 파악을 통해 교회 프로필이 완성되었다. 그리고 비전 개발 단계에서 새로운 계획이 수립되었다. 그러면 이제 이론적, 신학적으로 실천을 뒷받침해야 할 때이다. 너무 많은 교회들이 비전 개발 과정만 거친 채 행동으로 이어지지 않는 간결하고 기발한 현수막이나 광고 문구나 만들어 낸다. 조정 과정에서 지도자들은 행동으로 이어지는 결단을 내려야 한다.

여러분이 정직하게 기도하며 처음 세 단계들을 수행했다면 변화가 더 자연스러울 것이고, 이 변화를 더 좋은 방법으로 받아들이게 될 것이다. 여러분은 열차에 잘 안착한 지도부와 함께 조정 과정의 연합체를 구성하여 놓았을 것이다. 그리고 회중은 진짜 변화를 위한 이유와 필요를 담고 있는 훨씬 더 강력한 공통 가치를 갖게 될 것이다.

조정 단계에서는 어떤 사역 프로그램과 프로젝트는 중단되거나 시작되어야 한다. 인사와 일정, 예산 등은 실제로 시행할 비전 계획을 위해 옮겨지거나 변경될 수 있다. 이 과정은 영적이고 실천적인 조정을 모두 포함한다는 사실을 늘 기억하기 바란다. 이런 수준의 정직성과 지도력에는 지혜, 믿음, 그리고 두둑한 배짱이 필요하다.

타당한 평가와 식별 작업은 교회로 하여금 이 단계에서 가능한 가장 객관적이고 성경적인 비전 과정을 준비시키기 위해서 수행된다는 점이 중요하다. 조정은 주관적인 의견에 기초를 두어서는 안 된다. 대신 조정은 새로운 비전 계획을 개발하도록 이끈, 이전 단계에서 이루어진 세심한 성경 공부와 가르침에 기반해야 한다. 이 성경적 기반은 왜 변화가 필요하고 또 어떤 변화가 일어나야 하는지 그 가치를 이해하는데 가장 좋은 기회를 제공한다.

이전에 다리, 모래시계, 삼각형 이미지를 설명할 때 다루었듯이, 나는 여러분이 변화의 전체 과정에 평신도들과 함께하기를 강력히 권한다. 그러면 조정 단계에 맞닥뜨렸을 때 평신도들도 여러분과 같은 것을 이해하고 있게 될 것이다. 여러분은 조정의 연합체를 미리 구성해야 한다. 바꾸어야 할 것들이 이미 논의되기 시작한 후에 동의를 얻기는 힘들다. 같은 생각을 하는 모든 지도자들을 정기적으로 만나서 변화를 계획하고 평가하는 것이 매우 중요하다.

조니 헌트Johnny Hunt 박사는 "열차는 차량에 연결할 때만 후진한다!"고 말했다. 여러분은 열차에 탑승한 가능한 많은 지도자와 교회 구성원의 지지를 얻기 위해 후진하고, 속도를 조절하고, 다시 연결해야 할 때도 있다. 여러분이 지도자들과 긴밀한 의사소통을 하지 않는다면 어떻게 여러분의 회중이 여러분 편에 있는지 알 수 있을까? 자기 사람들보다 빠르게 앞서가는 지도자는 군중의 관점에서는 수평선 위의 점처럼 아주 작아져서 실제로 영향을 끼치지 못하게 된다. 기본 중 기본이다. 지도자에게는 따르는 이들이 있게 된다. 따르는 사람이 없다면 여러분의 지도력을 확인해 보아야 할 것이다. 한 아프리카에 있는 장로가 나에게, "빨리 가고 싶다면 혼자 가고, 멀리 가고 싶다면 함께 가라"라는 속담을 말해 준 적이 있었다.

여러분은 다른 사람들이 이해하고 따를 수 있는 비전 수립 단계에서 기준과 결과를 정립하기 위한 명확한 과정과 경로를 개발하여야 한다. 어떻게 제자도의 목표치나 성장하는 제자의 핵심 역량에 도달할 수 있을까? 어떤 것이 모든 연령에게 이 목표와 핵심을 가르칠 수 있을까? 어떻게 교회가 이 목표에 도달하기 위해 필요한 사역을 실행하고 그대로 살아낼 만한 기회를 제공할 수 있을까? 이 질문에 대한 답이 여러분과 여러분의 회중이 공통 가치를 가지게 해줄 것이다. 조정 단계가 시행되기 전에 미리 이 단계에 대해 가르치고 알리

라. 그들은 변화를 맞이할 준비가 될 것이다.

지도부로서 여러분은 최고의 지식인 성경을 기반으로 하여 이 전체 과정을 진행하며 결정해 나갈 수 있다. 기도로 무장하여 열차에 탑승하지 않은 채 열차가 진행하지 못하도록 선로에 놓인 것들을 바꾸기 시작하는 것이다. 올바른 경로로 가지 못하도록 막는 장애물을 제거하기 위해서 여러분은 의사 결정 과정에 참여해야 한다. 여러분의 현재 상황을 계속해서 이해하고 전달해야 한다. 진짜 문제를 인정하고 받아들이며 여러분의 상황과 성경의 이상적인 모습이 어떻게 다른지 파악하고 다양한 장애물을 파악하여 제거하라.

지난 사역에 대한 향수, 평가되지 않은 전통들, 범퍼카 사역은 여러분의 회중에게 금송아지가 될 수 있다는 점에 유의하라. 인간은 우상숭배를 향한 자연적 경향이 있는 것 같다. 좋은 것이 그들의 우상이 될 수도 있다. 앞서 내가 범퍼카를 향한 사람들의 수준과 열정에 대해 강조했던 것을 절대로 잊지 말라. 이것이 여러분의 허를 찌를 수도 있다. 이 금송아지들이 선로에 앉아 있는 버팔로가 될 수도 있다. 오래된 서부 영화에서 여러분이 무얼 봤던지 간에 열차는 버팔로를 들이받을 수 있다. 비록 큰 소음과 혼란을 초래하겠지만, 열차가 버팔로를 받는 것보다 그것들을 선로에서 끌어내는 편이 나을 것이다. 여러분이 이 단계를 올바른 순서로 수행해 나가고 있다면, 여러분이 버팔로 떼나 하마 떼를 몰아내는 데 지도자들이 도움을 줄 것이다.

모든 사람이 사명과 비전이라는 기치 아래 시너지 효과를 만들어 내는 연합 형성을 좋아하는 것은 아니다. 이럴 때 조율을 이루어 내기 위해서 선로 위의 열차에 맞지 않는 사역 계획에는 지도부가 "아니"라고 말할 필요가 있을 수도 있다. 이 조율은 기존의 사역을 종료해야 한다는 것을 의미할 수도 있다. 왜냐하면 사명과 비전을 기반으로 새로운 방향에 효과적으로 들어맞거나 구성원들이 특정 핵심 역량을 성취하도록 돕는 것 자체는 조율이 아니기 때문이다. 이것은 제자도의 목표치를 달성하도록 하기 위해서 새로운 사역이나 의사 결정 과정을 시작하는 것이 될 수도 있는 것이다. 이 변화는 한밤 중에 하마를 놀라게 한 찍찍이 소리처럼 두려움과 갈등을 일으킬 수 있다.

조정 단계는 리더들의 단합과 교회 구성원들과의 철저한 의사 소통을 통해서 세심하게 관리되어야 한다. '왜'라고 묻는 훈련을 잊지 말라. 사람들은 늘 '왜' 어떤 일이 벌어지는지, '누가' 그들을 도울 수 있는지 이해해야 하고, 무엇이 어떻게 바뀌는지 명확한 설명을 필요로 한다. 지름길을 택하지 말고 의사 소통 과정을 경시하지 말라. 사람들이 열차에 올라타도록 하라. 가능한 많은 지도부와 구성원들이 조정의 연합체에 동참하도록 하라. "믿는 사람들이 많을수록 성공의 가능성이 크다"고 한다.

변화를 위해 앞서 준비하라. 성장은 늘 변화를 가져온다. 변화는 거의 늘 갈등을 일으킨다. 갈등을 잘 다룰 수 있도록 준비하라. 아까 말한 아프리카 장로가 또 다른 격언을 말해 주었다. "큰 불이 남긴 어제의 잿더미로 오늘의 큰 잔치 요리를 할 수는 없다." 새로운 일이 생기려면 새로운 불을 피워야 한다.

무너져 내릴 수 있는 벽

(준비되어 있지 않다면 여러분의 머리 위로 무너질 수도!)

나는 한때 공립 초등학교 옆에 있는 이백 년 된 오래된 교회에서 목회했었다. 본래 교회 터는 한적한 시골에 있었는데, 오래 전에 그 주변으로 도시가 형성되었다. 교회와 학교 사이에는 그 둘을 완전히 분리시킨 오래된 농장 울타리가 있었다. 그 울타리는 교회와 학교 사이에 물리적인 장벽이 된 녹슨 가시 철조망, 나무 덩굴과 억센 잡초, 관목들이 얽혀 있었는데, 그 추하고 흉한 울타리는 한쪽에서 다른 쪽을 보지 못하게 차단했다. 그 학교 교사는 수년간 학교에서 가르치면서도 바로 옆에 교회가 있는지 몰랐다고 했다. 그것은 장벽이었다.

몇 년 전에는 교회 위원회에서 교회 시설 바로 앞을 지나가는 주요 도로를 따라 난 건물들을 소매상들이 사들이도록 승인했다. 차량이동이 많은 4차선 도로에서 교회 시야를 가렸다. 우리 교회는 "와플하우스 뒤에 있는 교회"로 알려졌다. 나는 아직도 왜 그랬는지 이유를 몰라 고개를 흔들 뿐이다.

그뿐 아니라, 교회가 60-70년대 어느 때엔가는 주요 진입로 양쪽에 벽돌담을 쌓기도 했다. 이 담은 몇 피트 높이였는데 보기에 흉했고, 그 위는 볼품 없는 글씨가 새겨진 구식 시멘트 벽돌로 되어 있었다. 수천 대의 자동차가 매일 지나다녔지만 진입로를 따라 운전할 때 교회를 볼 수 있는 시간은 1.5초 남짓했다. 말 그대로 벽이었다.

나는 교회와 학교 관계자들을 만나서 작업반을 조직하여 나무들을 잘라내고, 멋대로 자란 덤불을 제거하여 펜스 주변을 조경했다. 우리는 정면의 벽을 반으로 자르고 현대적인 벽돌로 마감했다. 꽃을 심고 그 주변 전체를 공원처럼 만들었다. 물리적인 벽이 사라졌다.

그러고 나서 우리는 학교와의 벽을 허물고자 했다. 교회 예배당에서 5학년 졸업식과 연회를 주최하기 시작했다. 학교의 운동부가 교회 체육관을 쓰도록 초청했고, 방과 후에는 개인 교습과 독서 프로그램을 진행했다. 학용품도 지원했다. 소풍을 가는 날에는 간식도 준비했고, 학교 직원들에게 감사의 마음을 전했다. 그들이 우리 교회 주차장을 마음껏 사용할 수 있도록 했다. 그러자 학교에서도 교회의 다양한 어린이 프로그램을 소개하는 팸플릿을 아이들의 가족에게 나누어 줄 수 있도록 했다. 우리가 규칙을 따르자 그들도 그렇게 했고, 그것은 서로에게 유익했다. 더 이상 벽은 없었다!

결과적으로 수백 명의 어린이와 학부모가 교회의 "업워드" 스포츠 프로그램을 비롯하여 음악 프로그램과 계절별 행사, 주간 프로그램에 이르기까지 모든 일에 참여하게 되었다. 많은 아이들과 어른들이 구원 받았고 훌륭한 교인이 되었다. 사실 우리는 하나님이 매주 사람들을 구원하시는 것을 보았고, 매주 침례세례를 주었다. 이것은 이백 년도 더 된 교회에 새로운 경험이었다. 우리는 침례세례를 위해 옷을 갈아입던 곳에 있던 오래된 조화들과 성탄절 의상을 치워서 침례세례 준비를 할 수 있도록 했다. 우리 주위를 둘러싼 벽이 무너지고 있었다.

우리 교회와 학교의 관계가 시장의 관심을 끌었고, 그는 나를 자기 사무실로 초대했다. 나는 다른 교회들도 우리 교회처럼 지역 사역의 동반자가 되는 방법에 대해 45분 정도 이야기를 나누었다. 나는 심지어 그에게 일대일로 복음을 전할 수 있는 특권도 가졌다. 벽을 허물었더니 큰 일이 벌어졌다.

어쩌면 여러분은 이렇게 생각할 수도 있다. 우리가 어느 토요일 나무를 베고 있었다. 오래된 교인이 내 옆으로 걸어왔다. 그는 팔짱을 끼고 얼굴을 찌푸리고 앓는 소리를 냈다. 나는 이번에는 무엇이 잘못되었냐고 그에게 물었다. "목사님, 나무가 있을 때가 더 좋았어요. 우리 사생활을 유지할 수 있었잖아요." 어떤 벽은 다른 벽들보다 더 두껍다.

수년이 지나서 오늘에 이르기까지 내가 여전히 할 수 있는 일은 고개를 끄덕이고 "와!"라고 말하는 것 뿐이다. 앞서 말했듯이 성장은 늘 변화를 수반하고, 변화는 갈등을 유발한다. 어떤 사람들은 변화의 가치를 결코 이해하지 못할 것이다.

여러분이 진정한 사명을 이해하고 그 사명에 바탕을 둔 성경적 비전을 세운다면, 여러분의 온 회중이 그 비전에 탑승하도록 인도하는 지도력의 다리를 놓아야 한다. 그 일은 우리 대적이 기뻐하지 않을 것이고, 분명히 할 수 있는 모든 것을 동원하여 여러분이 섬기는 이들이 기뻐하지 않도록 유혹할 것이다. 인류는 제자도에 필요한 바로 그 변화에 저항하는 데 익숙하다. 이것은 새로운 현상이 아닌데, 여러분 자신만은 여기에 면역되었다고 생각하면 오산이다. 대비하고 있으라.

변화와 갈등 잘 처리하기

변화와 갈등에 잘 대처하는 핵심 능력은, 특히 첫 세 단계를 잘 진행하였다면 사명 지향적인 지도자들에게 중요한 도구가 될 것이다. 이것은 "변화와 갈등에" 반응하는 능력처럼 보일 수도 있겠지만, 사실 여기에는 상황에 앞서 주도하는 방식이 요구된다.

갈등에는 여러 가지 원인이 있다. 실질적이든 인지하고 있는 것이든지 간에 채워지지 못한 필요가 갈등을 유발할 수 있다. 여러분이 무엇을 말하려고 했던, 그 의도한 바가 오해를 불러왔다면 갈등이 될 수 있다. 정말 비합리적일 수 있는 비현실적 기대가 갈등을 유발할 수 있다. 평가절하는 거의 매번 갈등으로 이어진다. 평가절하된 사람들은 위험한 존재들이다. 기본적인 성격 차이, 두려움, 죄 역시 여러 요소들 중에서 갈등의 주된 원인이다.

갈등을 일으키는 어떤 원인은 역사를 거슬러 올라가기도 한다. 또 다른 원인 중에는 새롭거나 아주 개인적인 것이 있기도 하다. 사소한 비판과 의견 차이에 대한 과도한 반응은 여러분의 목회 생명을 앗아갈 수도 있다. 거대한 갈등을 무시하지 못하고 진지하게 받아들인다면 결국 그 문제가 더 커질 수 있다. 갈등은 단순히 피하거나 무시할 수 없는 것이다. 장담하건대, 여러분의 회중이 자리에 조용히 앉아있는 것 같겠지만, 그렇다고 갈등을 묵과하고 있는 것은 아니다.

그렇다면 여러분은 어떻게 갈등을 다룰 수 있을까? 그 원인을 조사해 보라. 쌍방의 이야기를 모두 경청하라. 진실이 무엇인지 판가름해 보라. 갈등 당사자들이 정말 원하는 것이 무엇일까? 이 갈등이 하나님이 주신 사명과 비전을 성취하는 회중의 능력에 영향을 끼치고 있는가? 이 갈등이 여러분이 회중을 이끌고 지도부가 전진하는데 어느 정도나 영향을 끼치고 있나? 당면한 갈등의 근본 문제를 이해하고, 그 증상을 가볍게 여기거나 혹은 과도하게 반응하지 않는 것은 아주 중요하다. 잘못된 사랑과 두려움에 초점을 맞추라. **질병을 치료해야지, 증상을 보고 반응만 해서는 안 된다!**

앞서 이야기한 불량한 교인에 대해 기억하고 있는가? 복도에서 사람들을 비판하고 말로 공격했던 그 사람? 이처럼 성질을 부리는 사람에게 반응하는 것은 아주 정상적이다. 나도 그를 만날 때마다 논쟁하고 다투었다. 하지만 그렇게 하는 것은 어떤 도움도 되지 않는 것이고, 그 불량 교인을 더욱 부추기는 일이 될 뿐이다.

대신 나는 그를 불러서 그의 진정한 사랑과 두려움에 대해 이야기하는 기회를 가졌다. 우리는 표면적인 일들 뿐 아니라 실제로 그의 내면에서 일어나는 일에 대해서 이야기했다. 우리는 그의 삶에 나타나는 불만족과 부정적인 행동의 진짜 근원이 무엇인지 알게 되었다.

이 대화는 쉽지 않았다. 정직하게 마주할 용기가 필요했다. 그것을 알아내는데 시간과 힘이 소모되었지만 그럴 만한 가치가 있었다. 이를 통해 그 불량 교인을 향한 나와 다른 사람들의 인식이 바뀌었다. 결국 그의 행동은 변하였다.

개인은 갈등에 대해 서로 다르게 반응하고, 회중도 그렇다. 어떤 이들은 좀더 냉정하고, 또 어떤 이들은 좀더 참을성 있거나 유연하다. 갈등을 잘 해결하지 못하는 사적이고 형편없는 반응이 회중을 어려움으로 이끌 수 있다. 많은 회중이 갈등에 줏대 없이 반응하고 소리를 내는 소수 때문에 탈선하고 충돌한다.

성경의 원리를 적용하고 드러난 갈등의 중요성을 객관적으로 분별하여 올바른 결과를 이끌어 내도록 기도하라. 고백과 회개는 실제 갈등에서 꼭 필요하다. 고백과 회개를 성경적으로 이해하는 것은 아주 중요하다.

진실된 고백이란 하나님께서 우리의 죄에 대해서 말씀하시고 생각하시는 것과 같이 우리 자신이 우리의 죄에 대해 말하고 믿는 것을 뜻한다. 회개와 고백에 정당화나 방어와 같은 것은 있을 수 없다. 오직 우리 죄에 대해 순복하는 인정과 겸손, 시인만이 있을 뿐이다. 우리는 하나님이 하시는 대로 따른다. 은혜와 용서는 하나님 앞에서 우리 자신에게 대해 정직할 때 온다는 사실은 놀라운 일이다. 하나님은 오래 참으신다!

이전 장에서 간단히 언급한 것처럼, 참된 회개는 거의 늘 그 상태를 대체할 것을 필요로 한다. 여러분이 하나님에게서 떠나고 있다는 것을 인지하는 것만으로 충분하지 않다. 여러분이 하나님에게서 떠난 상태에서 그것을 멈추는 것으로는 충분하지 않다. 심지어 여러분이 하나님에게서 떠난 상태에서 그것을 멈추고 태도를 바꾸는 것으로도 충분하지 않다. 여러분은 반드시 하나님께로 다시 돌아가야 한다! 여러분은 부정적이고 죄 된 행동이 남긴 빈 공간을 긍정적이고 거룩한 것으로 채워야 한다. 그렇지 않으면 여러분은 결국 남겨진 구멍으로 추락할 것이다. 이것이 습관적인 행동의 일반적인 악순환이다. 어떤 사람이 유죄 판결을 받고 용서를 구하지만 그 시간 이후로 다시 그 버릇으로 돌아간다. 왜냐하면 그들은 긍정적인 영적 훈련으로 그들의 죄 된 습관을 대체하지 않았기 때문이다. 이 원리는 에베소서 5:18에 나온다 "술 취하지 말라. 이는 방탕한 것이니 오직 성령으로 충만함을 받으라." 우리는 우리를 채우고 있는 것을 바꿔야 한다. 바울은 종종 낡은 것을 벗어버리고 새로운 것을 입자고 했다. 대체해야 한다!

교회 갈등의 해결에도 대체할 것이 필요하다. 낡은 행동, 사고, 의사 결정 과정은 새로운 것들로 대체되거나 조정되어야 한다. 그렇지 않은 경우 비슷한 상황이 생겼을 때 갈등이 반복될 가능성이 높다. 그래서 강력한 성경적 비전 계획이 필요하다. 우리는 기존 계획을 대체할 새로운 계획을 개발해야 한다. 왜 조정 단계가 첫 번째가 될 수 없는지 이해해야 한다. 여러분은 하나님의 새 비전 계획을 찾고자 노력해야 하며, 그 준비가 되었을 때에야 조정을 위한 시간을 가질 수 있는 것이다.

따라서 장기적인 해결책으로 실제 근본 문제, 실제 질병을 다룬 다음에야 사명과 비전에 기반해서 올바른 것들로 대체할 수 있는 것이다. 효율적인 사명 지향 지도력 연합은 새로운 행동과 과정, 실천을 마련할 것이다. 중요한 첫 세 단계를 잘 수행했기 때문이다. '이 단계에서 만들어진 변화가 갈등으로 이어질 수도 있지만, 이 변화가 갈등 해결의 원천이 될 수도 있다. 변화가 교회를 더 건강한 존재로 만들었기 때문이다.'

갈등 해결을 위해서는 개인뿐만 아니라 회중 차원에서 용서와 화해에 관하여 교육하는 시간을 가져야 할 수도 있다. 어떤 교회들은 용납의 한계를 정해야 할 수도, 지나간 것은 용서함으로 빌 3:13 이 시기를 앞으로 나아가기 위한 역사적 기점으로 삼을 수도 있을 것이다. 예배와 설교에서 이런 기회를 만들어내기 위한 특별한 시간이 필요할 수 있다. 지도력의 핵심 다리 놓기를 통한 협력은 이 과정들과 기회들을 개발하는 것만이 아니라 회중들이 이러한 기회를 갖는데 도움이 될 것이다. 갈등의 때는 결코 지도자가 혼자 있을 시기가 아니다.

여러분이 평가하고 현황 파악을 했다면 여러분이 누구인지, 여러분의 지역 사회가 어떠한지, 그리고 여러분은 어떻게 되어야 하는지 기억하도록 하라. 그리고 여러분이 신뢰의 다리를 놓고 비전 개발을 통해 지도부로서 함께 일한다면, 조정 단계를 위한 건강한 연합을 구성하고 새로운 기준과 공통 가치를 세울 수 있는 더 좋은 기회를 갖게 될 것이다. 공동의, 개인의, 그리고 소모임 차원의 고백, 회개, 용서, 그리고 화해를 만들어내기 위해 계획을 세우라.

함께 기도하는 것도 잊지 말라. 다른 지도자들과 구성원들과 사명을 지속적으로 확인하라. 변화 자체만이 아니라 변화의 이유를 설명하라. 가능할 때마다 과거를 회상하고 기념하라. 그 과정을 함께해온 사람들이 이것들로 인해 당신을 좋아하게 될 것이다. 이 사랑과 감사가 신뢰로 이어질 수 있다. 남아 있는 반대 의견의 진짜 원인을 파악하고 중요한 반대 의견을 검토하라.

여러분이 모든 사람을 참여시키지 못할 수도 있으니 이에 대비하라. 적당한 속도로 움직이라. 지금 할 수 있는 것들을 하라. 이러한 과정들은 교회의 쇄신이 실제로 일어나기 위해 꼭 있어야 한다. 조정 단계는 실제 부흥이 일어나는 때이다. 새로운 기준이 행동으로 옮겨가는 단계이다.

이사야 57:14은 "그가 말하기를 돋우고 돋우어 길을 수축하여 내 백성의 길에서 거치는 것을 제하여 버리라 하리라"고 기록하고 있고, 이사야 62:10은 "성문으로 나아가라 나아가라 백성이 올 길을 닦으라 큰 길을 수축하고 수축하라 **돌을 제하라** 만민을 위하여 기치를 들라"고 말씀하고 있다.

교회 지도자로서 여러분들은 종종 돌을 제거해야 할 것이다. 이 돌은 영적일 수도 있고 육체적일 수도 있다는 것을 기억하라. 여러분의 목회에 거치는 장벽이 무엇인지 파악하라. 어떤 석재를 먼저 제거해야 하는지 파악하고, 성경적 사명과 비전에 기반하여 "성문으로 나아가라 나아가라 백성이 올 길을 닦으라"는 말씀에 준비된 다른 지도자들과 연합하여 그 일을 수행하라. 그럴 만한 가치가 있다!

레이첼과 나는 야간 사파리에서 마을로 돌아와 하마가 그려진 작은 그릇을 샀다. 그 그릇은 내가 매일 밤 앉는 의자 옆 탁자에 놓여 있다. 이 그릇은 나의 멋진 딸과 겪은 놀라운 모험을 함께 떠오르게 한다. 이것은 또한 아주 크고 위험하게 보이는 것들이 사실은, 우리가 그것들을 두려워하는 것보다 그것들이 우리를 더 두려워 할지 모른다는 점을 상기시킨다. 교회를 다스리시고 교회의 주인이 되시는 한 분께 집중해야 한다. 그분은 여러분이 앞으로 나아가길 원하시고 여러분 편에 계신다. 그분은 어둠 속에 앉아 있는 것들보다 더 위대하시다. **깨달음과 신뢰, 공통 가치가 여러분의 새로운 기준이 되도록 하라!**

평가
Assessment
정체성 파악
Identification
실행
Implementation
사명
MISSION
조정
Adjustment
비전 개발
Vision
Development

7장

제 5단계
– 실행

지금까지 이 책을 읽어 주다니 감사하다. 이 과정을 다 끝내기를 바란다. 이제 열차를 정말로 움직일 시간이다! **실행**에 옮길 시간이다. 조정의 단계를 거친 새로운 비전을 실천할 때이다. 여러분이 평가, 정체성 파악, 비전 개발, 조정 단계를 잘 수행했다면, 실행 단계도 더 잘 할 것이며 지도부와 연합한 성도들도 여러분 곁을 지킬 것이다.

이 단계에 이르면, 이미 모든 연령대 교인들은 하나님이 주신 사명에 대한 성경적 이해를 갖게 되었을 것이다. 교회 지도자들과 회중은 자신들이 왜 이 지점에 있는지 새롭게 인식하고 이해했을 것이다. 교회가 하나님께 속했고 하나님은 자신의 몸 된 교회를 위해 미리 계획을 가지고 계시다는 것을 확실히 인식한 것이다. 모든 성도가 자신들이 교회를 세우고 나아가야 하는 그 선로가 이미 놓여 있음을 알고 있다. 성도들은 더 이상 범퍼카가 없을 것이라는 것을 안다. 연합, 시너지, 사명의 성취, 그리고 집중이 새로운 기준이 되어 교회가 세워지는 방법이 될 것이다.

평가 작업은 회중과 지역 사회를 평가하고, 영적이며 실천적 차원에서 행해졌다. 성경적 교회와 교회 구성원에 대한 명확한 정의가 연구되고 교육되었다. 정량적 연구와 질적 연구가 교회와 교회의 상황에 대한 그림을 만들어 낸다.

정체성 파악을 통해 드러난 교회의 정직한 현실이, 교회, 교회 구성원, 개인적 변화, 그리고 성장하는 제자가 되기 위한 핵심 역량의 최종 목표와 더불어 수립되고 공유되어 왔다. 이것이 진정한 우리의 모습을 보여준다. 이것은 우리가 어떤 사람이 되어야 하는지 우리가 어디에 있어야 하는지를 알려준다. 모든 사람이 이 정확한 현실을 이해하고 가치 있게 여긴다.

지도부는 함께 모여 성경적 비전 계획을 수립하고 주간 사역과 특별 사역에 대해 고심한다. 그들은 자신들과 회중, 자신들이 속한 세상 사이에 신뢰와 협력의 다리를 놓는다. 그들은 교회 생활의 실질적이며 영적인 필요를 알고 일하는 과정 가운데 각 단계를 계획하고 평가한다.

조정 단계를 통한 작업의 필요성을 정직하게 인정했다. 오랜 상처와 반목을 파악하였다. 새로운 기대가 기존의 것을 대체했다. 성장하기 위해 변화가 일어나야 한다는 사실도 수용되었다. 이전에 이루어진 다른 단계의 모든 작업들을 기초로 기존의 태도나 수행 방법들을 중단하고 다른 일들을 시작하게 되었다. 이 과정에서 일부 오래된 것들은 대체되었고, 또 다른 것들은 가치를 재확인하였다. 교회가 앞으로 나아가려면 프로그램 계획과 더불어 인사 체계도 바뀌어야 한다.

바라기로는, 부흥의 정신이 회중에게 배어들어야 한다.

이 모든 단계들을 거친 후에야 실질적으로 새 비전을 시행할 수 있는 것이다. 교회 구성원들에게 핵심 역량을 가르쳐서 그대로 살아내도록 하는 새 프로그램과 프로젝트가 마련되는 것이다. 교회를 만들어 가고 교회가 되어 가는 새롭게 구축된 기본 방식이 시행되는 것이다. 동시에 교회 구성원이 되는 것과 참여하는 일의 가치를 끊임없이 교육하고 이해해 나간다.

지속적인 소통과 이해가 있어야 한다. 광고 전문가들은 이 원칙들을 인지하고 있으며, 이를 적합성relevancy과 중복성redundancy이라고 부른다. 우리는 가장 중요한 것들에 관하여 소통하여야 하며, 그것은 반복되어야 한다. 트랙에 머무를 때는 끊임없이 집중하여야 한다. 우리는 '왜'라고 묻는 훈련, 궁극적 사명을 품은 지도부와 성도를 떠올려야 한다. 우리는 항상 성도들이 열차 차량들을 연결하는 것을 도와야 한다. 다시 말해서 반드시 우리는 그들이 어떻게 이 프로그램 혹은 프로젝트가 모든 연령대에서 핵심 역량과 연결되는지 이해하도록 도와주어야 한다. 이 선로에서 절대로 눈을 돌려서는 안 된다. 절대로!

나는 이 책 서두에서 교회의 건강함을 추구하는 것은 끝나지 않는 고된 작업이라고 경고했다. 여러분이 다섯 번째 단계에 들어왔다고 해서 그것이 끝 무렵에 가까웠다는 의미가 아니다. 여러분은 그저 시작했을 뿐이다.

효율적이고 지속적인 피드백, 의사 결정 환경과 과정이 확립되어야 한다. 지도부는 모든 단계의 총체적인 완성, 시작하였거나 멈춘 과업들 모두에 대한 평가를 듣고 받아들일 수 있어야 한다. 어떤 전략지도부가 있다고 생각해 보라. 이런 형태의 완성된 의사소통 고리는 동료 지도자들에 의해 끊임없이 전달되어서 이해되고 기대되는, 낙관적이고 힘있는 분위기를 창출할 것이다. **여러분은 공통 가치를 창출해 왔고, 또한 창출하고 있는 것이다.**

비전에 근거하고 사명을 성취해 가는 구조와 사역들을 비전 계획 단계에서 개발하면서, 평가 단계는 즉시 다시 시작되어야 한다. 여러분이 모든 것을 다시 평가하지는 않아도 된다. 다시 말해, 여러분이 핵심 역량을 확립하고, 공동체를 파악했고, 수치 데이터 작업을 마쳤다면, 주기마다 모든 기초 작업을 다시 할 필요가 없는 것이다. 여러분은 바로 전에 실행했던 사역을 평가하면서 다시 시작할 수 있다. 다시 평가 단계로 돌아간다는 것은 나선형과 생애 주기 구조의 끝없이 지속되는 형태를 보여준다.

더 많은 평가 작업이 목전에 있다는 것을 이해하면 조정과 실행 단계를 통해 도움을 얻을 수 있다. 성도들은 새롭게 시작된 어떤 단계도 잘 평가되고 후에 수정될 가능성을 예측하는 데까지 성장할 수 있다. 여러분은 이 과정을 통해 '함께 사역한다'는 훌륭한 개념도 형성하였다. 이렇게 인지되고 예측된 생애 주기는 종종 유연하지 못한 전통에 갇혀 있는 회중들에게 새로운 사고방식을 형성하게 하기도 한다. 영원히 변하지 않는 것은 없다는 것에 대한 자각은, 여러분의 회중과 그들이 속한 지역 사회의 상황에 필요에 맞게 수정하거나 그것에 반응할 수 있는 능력을 길러줄 것이다. 여러분의 교회는 이 과정에 보다 능숙하고 정통하게 될 것이다. 여러분의 목회에 함께하고 있는 이들은 자신들이 품고 있는 그 교회의 공통 가치 안에서 자라가게 될 것이다. **우리가 그 새로운 기준이 되려면 이것이 필요하다.**

교회의 건강함을 위해서는 진정 이 의식적이고 끝이 없는 과정과 집중력이 필요하다. 여러분은 그것에서 절대 눈과 마음을 떼어서는 안 된다. 그 입구에서 손을 떼어서도 안된다. 절대로! 장담하건대, 우리의 반대세력은 절대 쉬는 법이 없다.

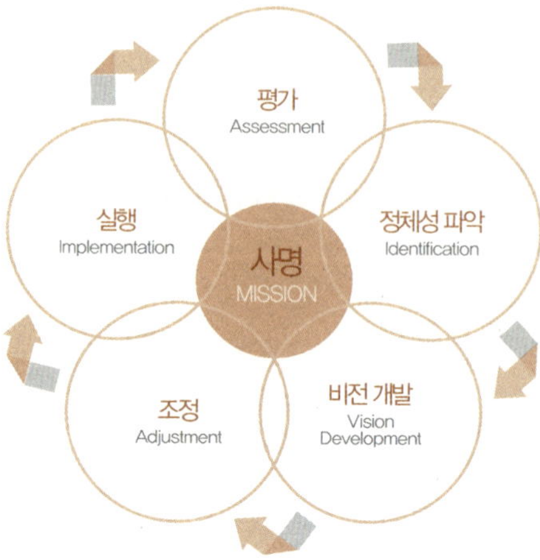

이 단계들을 열심히 수행하고, 다른 사람들과 잘 협력하여 여러분이 할 수 있는 가장 건강하고 유익한 결정을 내리도록 최선을 다하라. 기도 가운데 하나님의 말씀과 성령을 의지하라. 진리와 그분의 인도하심을 신뢰하라. 그러고 나서 힘을 내어 해 보라! 여러분이 이보다 나은 방법을 찾아낼 수 있겠는가? 주님에 대한 경외와 사랑으로 여러분의 방향과 길을 결정하라. 건강하지 못한 두려움이나 사랑이 여러분이 가는 길에 방해가 되거나 망치는 것이 되지 않도록 하라.

여러분과 함께 하는 이들, 그리고 하나님과 더불어 시너지 효과를 내어 사역하라. 놀라운 일이 벌어질 것을 기대하라. 여러분의 교회를 함께 이루는 이들을 위해 새로운 기대, 집중력, 그리고 공통 가치를 만들라. **새로운 "기준"을 만들라!** 그럴 때에 삶과 사역이 훨씬 더 재미있고 흥미로워질 것이다.

순환하는 각 단계를 완료하라. 나선형의 과정을 반복하라. 이 책 초반에 언급했듯이, 나는 교회가 질적으로 건강해지면 양적 성장도 일어난다는 것을 경험하고 관찰했다. 깔때기가 나선형 모양으로 올라갈수록 더 넓어진다. 하나님이 신실한 사람들을 위해 하시는 일을 보라.

하나님의 궁극적인 목표와 주신 사명을 절대로 놓치지 마라. 여러분이 새로운 기준을 세우는 여정 가운데 하나님께 영광 돌려야 함을 인식하고 그것을 소중하게 여기고 있는가? 이것이 여러분의 교회에서는 평범한 일인가? 여러분은 정말 제자를 양육하고 있나? 이것이 여러분의 교회에서는 정상인가? **우리에게는 새로운 기준이 필요하다.** 나는 여러분이 여러분의 회중을 위한 새로운 기준을 세우기 위해 하나님과 함께 일하시기를 기도한다.

8장

그래서 이 책을 썼다.

지역 교회와 신학교에서 수년간 함께 섬기던 사람들을 가르쳐오던 교안이 있다. 이 교안은 사역 비법까지는 아니지만 듣고 실천할 만한 사항들을 담고 있다. 예를 들어 다음과 같은 내용이다.

만약 어떤 사람이 객관성을 유지하면서 자기 자신을 내세우지 않고 성경에 기반한 상식을 가지고 있다면, 그는 하나님 나라를 잘 섬길 수 있다. 문제는, 많은 경우 이 명제에서 한 부분이 빠져 있다는 것이다.

나는 앞서 성경에 기반한 상식을 사역의 초능력처럼 언급했다. 성경적 지식과 지혜를 갖추고 그것을 사역 현장에서 잘 실천할 수 있는 능력을 지니는 것은 어려운 일이다. 어쩌면 우리는 잘 훈련 받지 못했거나, 좋은 본보기가 부족하거나, 아니면 더 많은 경험을 필요로 할 수도 있다.

객관성을 유지한다는 것은 다른 것이 아니라, 여러분이 어떤 근시안적인 시각에 갇히지 않고 큰 그림을 볼 수 있다는 것을 의미한다. 숲과 나무를 본다는 뜻이다. 목표와 비전의 다양한 조각들이 사역에서 어떻게 연결되는지 알아본다는 의미이고, 어느 부서에서 벌어진 하나의 행동이 다른 부서에서 어떻게 영향을 미칠지 이해한다는 것을 의미한다. 나는 많은 지도자들이 자신을 둔하게 만들도록 격리된 상태에서 일하는 것을 보아 왔다. 그런 상황에서 그들의 의사 결정 방식이 교회나 사역의 전체 과정에 방해가 되고 있었다. 그들은 모래시계의 흐름과 같은 자신들의 사역 진행을 억누르거나 완전히 무시하고 있던 것이었다. 그들은 정신 없는 범퍼카를 생산해 내고 있었다.

하지만 내가 그 지도자들을 만나봤을 때 더 심각했던 것은, 그들에게서 겸손함을 찾아볼 수 없었다는 점이다. 오만함은 섬기는 종의 자세를 소멸시킨다. 오만함은 하나님이 하실 수 있다고 믿지 않기에 스스로를 보호하고 보존하려는 잘못된 사랑과 분노가 발현되는 것이다. 이는 우상숭배의 일종으로써, 지도자들에게 암적인 존재다.

누가 성취의 공을 가져가는지 전전긍긍하며 일하는 지도자는 가장 저급한 지도자 수준을 벗어나지 못할 것이다. 자신의 자아를 그런 것에서 멀리하고 질투나 부러움 없이 다른 사람이 빛나도록 하는 능력은 선물이다. 결국 우리는, 왕이신 예수님께서 진정으로 영광 받으시기를 바랄 뿐이다!

결론
: 강에서 얻은 교훈

내 사무실에는 몇 년 전 휴가 때 찍은 가족 사진이 있다. 그것은 삼 대가 모여 하얀 물 위에서 고무 보트를 타는 활동 사진이다. 나와 내 아내, 어린 두 아이들과 처가 식구까지 모두 고무 보트를 타고 급류를 쏜살같이 내려갔다. 정말 우스웠다.

고무 보트를 타는 것은 정말 재미있었으니, 우습다고 표현한 것에 대해 오해하지 않았으면 한다. 여러분이 얼음처럼 차가운 물에 몸을 담그고 노를 저으며 아주 거친 급류 위의 보트에서 몸을 던지는 것이 재미라고 정의 내린다면 말이다.

아름다운 날 멋진 강가에서 가족들과 함께 했고, 성공적으로 고무 보트도 탔다. 이 모든 과정에 함께한 믿음직한 대학생 가이드 덕에 이 모든 것이 보람되었다. 고무 보트를 타고 함께 강으로 내려가면서 얻은 중요한 교훈들이 있다. 우리 삶과 교회에 적용할 수 있는 것들이었다.

첫째는, 가이드의 말을 경청해야 한다는 것이다. 가이드는 래프팅 전문가로서 천 번 이상 고무 보트를 타 보았다. 그들은 강이 꺾이는 곳과 깊이를 알고 있다. 래프팅을 시작하기 전에 그들은 지침을 주고, 강 한복판에서 여러분이 무엇을 해야 하는지 정확하게 알려준다.

여러분이 가이드의 말을 주의 깊게 듣지 않는다면 위험에 처할지도 모른다. 래프팅이 아주 힘들어질 것이다.

둘째, 여러분은 강 위에 있을 때 한 팀이 되어 노를 저어야 한다는 점이다. 가이드가 지시를 내리는데 언제 오른쪽으로 노를 저어야 하는지 왼쪽으로 저어야 하는지, 얼마나 많이 노를 저어야 하는지 알려줄 것이다. 팀이 되어서 노를 젓지 않는다면 급류에 떠내려 갈 수도 있다. 얼마나 많은 교회들이 이런 경험을 했을까?

셋째, 노를 저을 때는 앞으로만이 아니라 뒤로 저어야 할 때도 있다. 급류를 헤쳐나가는 것에는 속도와 방향이 아주 중요하다. 어떤 사람들은 늘 파도를 헤집고 나가려고 하고, 또 다른 사람들은 둥둥 떠다니려고 한다. 이 두 경우 모두 옳지 않다. 래프팅을 성공적으로 하려면 이 두 가지가 지혜롭게 균형 잡혀 있어야 한다.

넷째, 누군가가 보트에서 떨어지면 보트에 있는 모든 사람들이 떨어진 사람을 구하기 위해 해야 할 일이 있다는 것이다. 어떤 사람은 노를 내밀어서 사람을 구해야 하고, 동시에 다른 이들은 보트가 기울어지지 않도록 균형을 유지해야 한다. 내 개인적 경험으로 볼 때 이 협력이 아주 중요하다. 여러분의 교회가 누군가 떨어지는 사람을 본다면 이런 노력을 기울이기를 소망한다.

다섯 째, 때때로 강둑과 같이 고요한 곳에 보트를 대고 숨을 고르거나, 수영을 하면서 함께 즐기는 것이 좋다. 특히 강에서 힘든 시간을 보낸 후에는 휴식이 필요할 것이다. 고요하고 조용한 곳을 찾아 다음 래프팅을 위해 휴식하고 재충전하는 것이 도움이 된다.

여섯째, 래프팅을 성공적으로 마쳤을 때, 특별히 거친 강을 헤치고 난 후에는 즐기는 시간을 가져야 한다. 승리를 자축하고 기념하는 시간이다. 여정 중에 즐거움을 찾아야 한다.

일곱째, 늘 구명조끼를 입고 있어야 한다. 상황이 언제 미친 듯이 돌변할지 절대 알 수 없다. 때로는 보트에서 떨어진 자신을 발견할지도 모른다. 아무리 깊은 물에 빠져도 문제가 없다는 희망의 약속과 확신이 있다는 것은 좋은 것이다. 구명조끼를 입은 우리는 둥둥 떠다닐 것이다. 이 모험에 동참해준 것에 감사드린다. 이제 여러분 차례다. 하나님의 도움 아래 **새로운 기준**을 구축하고, 이해하고, 그것을 소중히 실천하러 갈 시간이다!

부록

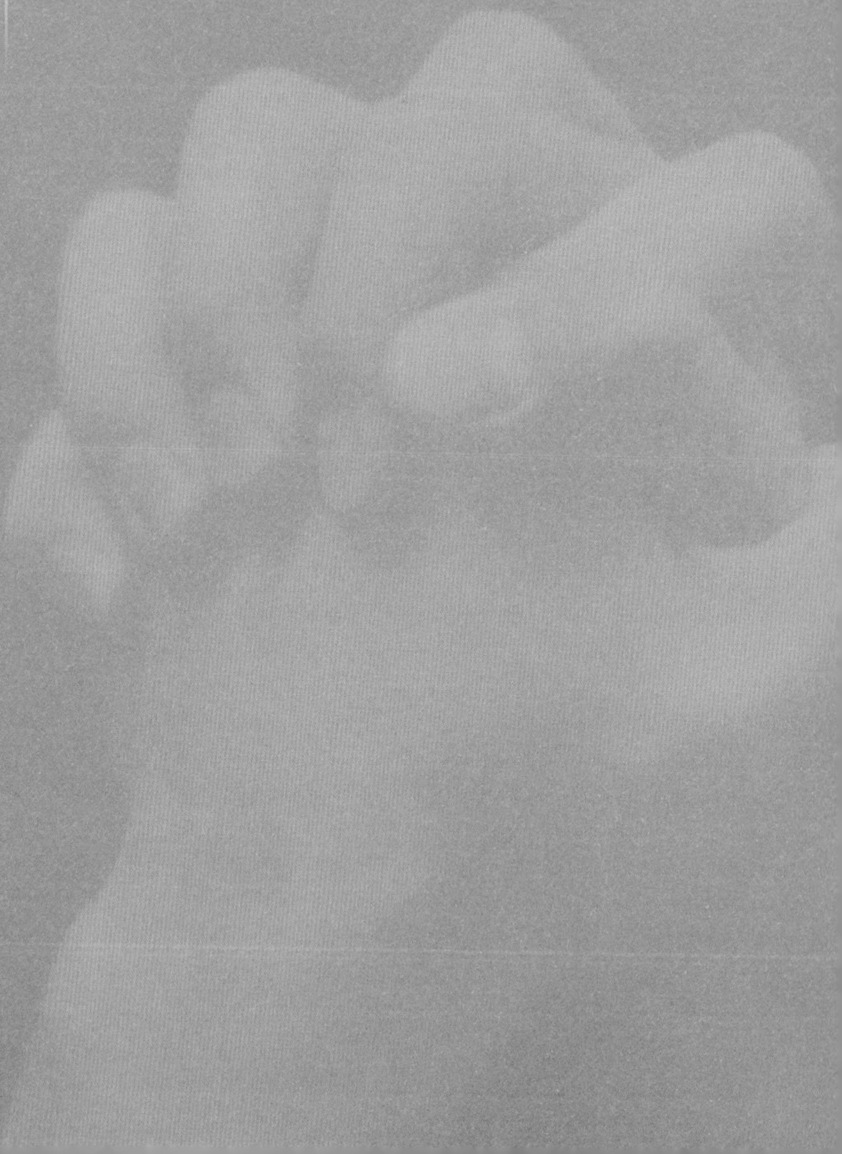

요약 가이드와 샘플

교회를 새롭게 세우기 위한 단계들:

'왜'라고 묻는 훈련? 우리는 교회 지도자들에게 올바른 순서대로 올바른 질문을 던져야 한다. '왜'라는 질문은 '누구'라는 질문보다 앞서야 하고, '누구'라는 질문은 '무엇'이라는 질문보다 앞서야 하며, '무엇'이라는 질문은 '어떻게'라는 질문보다 앞서야 한다.

평가

- 성경적 정의
    - 왜 교회여야 하나?
    - 누가 교회인가?
    - 교회란 무엇인가?
    - 교회는 어떤 일을 하나?

- 질적인 측면에 관련된 질문
    - 여러분 자신이 교회인가? 어떻게 그 사실을 알 수 있나?
    - 여러분은 위의 질문들에 답할 수 있는 성경적 기준들을 정립하고 소통한 적이 있나?

- 교회 지도자들과 구성원은 위와 같은 성경적 기준에 어떤 책임이 있나?
- 여러분은 제자를 양육하고 있나? 제자 양육을 어떻게 평가하고 정의 내릴 수 있나?
- 여러분은 교회 구성원들을 위한 핵심 가치와 역량을 개발하고 소통하고 있나? 성장하는 제자는 반드시 핵심 가치와 역량을 알고 실천해야 하나?
- 여러분에게는 교수법을 개발하고 이 방법들을 실천해 볼 실질적인 기회가 있나?
- '왜?' 그리고 '누구?'라는 질문에 대한 답을 이해하고 있나? 여러분은 왜 지금 이곳에 있나?
- 여러분은 누구인가? 여러분이 해야 할 일은 무엇인가? 이 질문을 개인적인 차원과 공동체적인 차원에서 대답해 보라. 여러분은 어떤 공동체에 속해 있는가: 교회건물, 교회 구성원의 가정, 교회구성의 학교, 혹은 일터?
- 여러분의 회중과 여러분의 지역 사회는 어떻게 다른가?

✦ 양적인 측면에 관련된 질문

- 양적인 문제는 대개 질적인 문제와 연관되어 있다. 예외적인

문제들은 대개 외부적이지 내부적인 것은 아니다.

- 여러분 교회에 성도가 얼마나 되나? 그 지역에 살며 꾸준히 출석하는 교인은 얼마나 되고, 그렇지 않은 교인은 얼마나 되나?
- 교회에서 활발히 활동하는 교인의 수는 얼마나 되나? 활발히 활동하는 것을 어떻게 정의 내릴 수 있나?
- 교회에서 아무런 일도 맡지 않은 성도의 수는 얼마나 되나?
- 연간 예산이 얼마인가?
- 지정 헌금이 얼마나 들어오나?
- 성도 일인당 헌금 비율은 어떻게 되나?
- 과거: 어떤 사람들이 교회와 지역 사회를 이루었고 교회는 어떤 일을 해 왔나? 지난 10년간 교회의 역사와 통계, 인구 통계, 교회의 활동을 평가하고 그래프로 그려 보라.
- 현재: 교회와 지역 사회에 어떤 사람들이 있고 교회는 어떤 일을 하고 있나? 현재 교회는 매주, 매달, 매해 어떤 프로그램을 운영하고 있나? 현재 교회 성도를 통계 내고 평가하라.
- 교회 지도자들과 성도들과 인터뷰를 하고 설문조사를 해 보라.
- 현재 지역 사회의 인구 통계학적인 측면을 평가해 보고 그 이외의 부분에 대해서도 살펴 보라.
- 교회 건물과 시설을 둘러보고 청결도, 표지판의 명료함, 사용

하지 않는 공간, 잡동사니, 악취, 보수 및 시설 유지에 관한 문제들을 점검하라. 새로운 시각으로 보아야 한다. 만약 여러분이 그렇게 할 수 없다면 누군가를 초대해서 그들이 점검한 사항을 기록하도록 하라. 초대한 사람을 인터뷰하고 그들이 받은 첫인상에 대해서 알아보라.

- 지역 사회를 둘러보고 여러분이 조사한 인구 통계와 비교해 보라. 주택, 인종, 인구 밀집도, 학교, 사업체, 새로 개발되는 지역을 점검해 보라. 지역 사회 행사에 참여하고, 얼마나 많은 사람이 참석했는지 여러분의 회중 숫자와 비교하라.

정체성 파악

- **평가 작업에 기반해서 정직한 현재의 프로필을 작성하고 알려주라.**
    - 왜 우리가 교회인가:
    - 교회로서 우리는 누구인가:
    - 교회로서 우리는 어디에 있는가:

이제 우리는 우리가 어떻게 되어야 하는지, 무엇을 알고 행해야 하는지 말할 수 있다.

✦ 핵심 역량 개발: 되고, 알고, 행하라.

- 교회의 현 구성원과 새로 등록한 구성원을 향한 기대 = 개인의 변화로 이끄는 개인 핵심 역량. 성장하는 제자와 교회의 구성원은 반드시 이것을 알고, 행하고, 이렇게 되어야 한다.
- 개인적 변화를 함께 정의하라. 여러분은 교회 구성원을 위해 핵심 가치와 개인 핵심 역량을 개발하고 전달해야 한다. 우리의 목표는 그렇게 되고, 알고, 행하는 것임을 기억하라.
- 핵심 가치와 역량을 통해 교회 일정과 주제를 결정하라. 우리는 교회 구성원이 핵심 가치와 역량을 알고, 행하고, 그렇게 될 수 있도록 돕기 위해 가르치고, 성경 수업을 하고, 사역을 펼친다. 지도부만이 아니라 교회 구성원들이 이러한 연결 고리를 아는 것이 중요하다. 이것이 여러분의 계획을 교회 구성원들에게 가치 있게 하는데 도움이 될 것이다.
- 교회에 대한 명확하고 이해하기 쉬운 성경적 정의와 설명을 개발하고, 여러분의 주된 목표 영역을 끌어내고 설명할 수 있는 명확한 성경 구절을 제시하라.
- 사도행전 2장이 보이는 예는, 사역과 수업, 교육 과정 선택, 교육,

사역 프로젝트, 선교, 예산, 인사, 지도력 개발의 바탕이 된다:

교회의 실천: 사도행전 2:42-47

1. 제자도 ······· 우리의 발걸음 42절
2. 교제 ··········· 우리의 환영 42절, 46절
3. 기도 ··········· 우리의 싸움 42절
4. 사역 ··········· 우리의 과업 43-45절
5. 예배 ··········· 우리의 예배 46-47절
6. 복음전도 ··· 우리의 증거 47절

- 여섯 개의 영역을 위해**혹은 여러분이 개발한 실제 성경적 모범에 기초하여** 되어야 하고, 알아야 하고, 행하여야 하는 역량들을 만들어 창출하라. 명료하고, 이해 가능하며, 실용적이고, 가늠할 수 있으며, 달성 가능한 문장으로 작성하라. 여러분이 어떻게 쓰느냐에 따라 12-18 개의 문장이 나올 것이다. 이 문장들이 교회 구성원의 핵심 역량을 위한 기초이다.
- 일단 이 목표 혹은 핵심 역량을 작성하였다면 교회 구성원들이 이것을 성취할 수 있도록 실제 교육 시간, 실행, 사역 시간, 사역 기회를 계획하라.
- 이것은 여러분이 교사, 지도자, 공간, 아이 돌보미 등을 필요로 한다는 것을 의미한다.

- 전략지도부의 구조를 보라.

✦ 성장하는 제자가 여러분의 교회에서

- 어떤 존재가 되어야 하나?
- 무엇을 알아야 하나?
- 무엇을 행해야 하나?

알고 행하고 되는 것의 목표는,

- 기도를 통해

되어야 하는 것:

알아야 하는 것:

행해야 하는 것:

- 예배를 통해

되어야 하는 것:

알아야 하는 것:

행해야 하는 것:

- 복음전도를 통해

되어야 하는 것:

알아야 하는 것:

행해야 하는 것:

- 사역을 통해

되어야 하는 것:

알아야 하는 것:

행해야 하는 것:

- 교제를 통해

되어야 하는 것:

알아야 하는 것:

행해야 하는 것:

- 제자도를 통해

되어야 하는 것:

알아야 하는 것:

행해야 하는 것:

✦ 비전 개발

: 여러분은 교회와 지역 사회를 어떻게 연결하고 있나?

- 이것이 여러분의 가르침과 행함을 어떻게 인도하는가? 여러분의 주간 일정에는 어떠한 영향을 미치는가?
- 핵심 역량과 사역 기회를 개발하라. = 비전 개발
- 여러분의 교회는 상황에 맞게 사명을 다하고 있나?

- 어떠한 특정 성경적 행동이 특정 시간과 장소에 필요한가?
- 프로그램을 계획하는 것과 행사, 예산, 인사 등을 포함하라.
- 단순히 다른 교회의 자료를 따라하지 말고 여러분의 상황에 맞도록 개발하라.

교회 직원 인터뷰 로리스 그룹의 허락 하에 사용

이름		직책	

1. 얼마나 오래 이 교회의 직원으로 일했습니까?

2. 왜 이곳에 왔습니까?

3. 현재 하고 있는 일을 설명해 보십시오.

4. 현재 하고 있는 일을 가장 이상적인 모습으로 설명해 보십시오.

5. 여러분 교회의 강점은 무엇입니까?

6. 여러분의 교회가 개선해야 할 영역은 무엇입니까?

7. 다음 영역을 1 아주 건강하지 못함부터 5 아주 건강함 사이에서 평가해 보세요.

- 예배 _______
- 전반적인 건강 _______
- 제자훈련 _______
- 교제 _______
- 복음전도 _______
- 사역 _______
- 기도 _______

8. 교회가 앞으로 나아가기 위해 반드시 다루어야 할 한 가지 문제는 무엇입니까?

9. 앞으로 5년 후에 이 교회가 어떻게 보이기 원합니까규모, 위치, 사역, 기타?

10. 우리 자문 팀이 여러분의 교회를 가장 잘 이해하기 위해 알아야 할 다른 사항들이 있습니까?

평신도 인터뷰 로리스 그룹의 허락 하에 사용

교회		날짜			
시간		성별		나이	

1. 어떤 계기로 이 교회에 다니게 되었습니까? 교회에 등록한지 얼마나 되었습니까?

2. 등록 교인이 된지 3년 미만이라면, 교회가 여러분을 어떻게 교회 생활에 정착하게 했습니까?

3. 여러분은 교회 일에 얼마나 깊숙이 관여하고 있습니까? 이 교회의 어떤 영역에서 섬기고 있습니까?

4. 이 교회의 장점은 무엇입니까? 여러분의 친구를 이 교회로 초청하고 싶도록 만드는 점 한두 가지는 무엇입니까?

5. 이 교회의 단점/필요성은 무엇입니까? 여러분이 최근 들어 여러분의 교회에서 바꾸고 싶은 점 한 가지는 무엇입니까?

6. 앞으로 5년 후에 이 교회가 어떻게 보이기를 원합니까?

7. 다음 영역을 평가해 보세요 1 아주 건강하지 못함, 5 아주 건강함 그리고 왜 그런지 설명해 보세요.

- 예배 _______:
- 복음전도 _______:
- 기도 _______:
- 제자훈련 _______:
- 교제 _______:
- 사역 _______:
- 지도력 _______:
- 전반적인 교회 건강 _______:

8. 이 교회가 직면한 가장 큰 어려움은 무엇입니까?

9. 우리가 꼭 질문해야 하는데 빠뜨린 것이 있습니까?

뉴 노멀A New Normal 컨설팅 및 컨퍼런스에 대해서

여러분 혹은 여러분의 교회가 새로운 기준을 세우는 과정에 관심이 있거나 우리의 R.E.A.C.H. 사역에 대해 좀 더 알고 싶고 다음 페이지를 보십시오, 뉴 노멀 리더십 집중 강의나 컨퍼런스에 참여하고 싶다면, 혹은 컨설턴트가 여러분의 특정한 상황에 대해 어떻게 도울 수 있는지 더 알고 싶으시다면 www.needanewnormal.com을 방문하거나 needanewnormal@gmail.com로 문의하세요.

여러분의 상황과 필요, 그리고 예산에 맞는 다양한 선택 사항과 프로그램을 제공합니다. 우리의 자문은 수개월이 걸리는 포괄적인 과정에서부터, 단기간의 대화와 특정한 평가 요청에까지 이릅니다. 우리 컨퍼런스 사역에는 지도자 수련회, 일일 워크샵, 3일 집중 훈련 컨퍼런스, 설교 지원 등이 있습니다. 우리는 여러분의 생각과 창조성에 관심을 두고 있습니다.

우리는 개별 교회, 교단 단체 및 교회 조직, 교육 기관, 선교 단체 사역을 섬기고 있습니다. 우리가 어떻게 지상명령을 성취할지 함께 듣고 논의하는 것은 큰 기쁨입니다. 함께 새로운 기준을 만들어 봅시다!

소모임 사역을 위한 새로운 '기준'

존 H. 이워트 박사

가능한 모든 지역 공동체의 가정마다 복음을 전하는 것은 소모임 사역을 위한 공통 가치를 창출하는 21세기 교회에 역동적인 제자도 전략입니다. 소모임 사역에 있어서 가장 큰 질문은 '왜'입니다. R.E.A.C.H.는 이 질문에 답을 드립니다. 본 사역은 전통적인 교회를 쇄신하는 것과 새로운 교회의 성장에 모두 효과적입니다. 교회 내부의 문제에 초점을 두고 복음 전도의 두려움, 잃어버린 영혼을 향한 열정 없음, 복음 전도와 기도에 힘쓰지 않는 문제 등을 다룹니다.

R.E.A.C.H. 사역의 제1단계 전략은 교회 가족을 여러분 교회의 열린 소모임들을 통해 기도, 선교, 제자도 과정에 입문하게 하는 것입니다. 유아부터 장년에 이르기까지 교회의 모든 등록 교인이 사역에 참여합니다. 이 단계에는 복음을 전해본 적이 없는 성도 뿐 아니라 개인 전도의 경험이 있는 성도들에게도 성장의 기회를 제공합니다. 온 교회가 복음적 기도와 전도를 통해 집중적인 제자훈련에 참여

합니다.

선교적인 관점에서 볼 때 효과적인 복음전도 과정은,

1. 반드시 성경에 기반하여야 합니다.
2. 반드시 복음전도 사역에 참여하는 사람들이 겪는 현재의 어려움을 다루어야 합니다.
3. 반드시 교회 전체가 참여하여야 합니다.
4. 반드시 잃어버린 영혼을 향한 부담을 갖게 해야 합니다.
5. 반드시 교회의 일상적인 부분이 되어야 합니다.
6. 반드시 예비 성도와 현재 등록 교인들을 다루어야 합니다.
7. 반드시 기도의 능력에 의지해야 합니다.
8. 반드시 믿는 사람과 믿지 않는 사람 모두를 하나님의 말씀에 노출시켜야 합니다.
9. 반드시 관계의 힘과 지역 사회의 힘을 인정하여야 합니다.
10. 반드시 개인 전도의 지속적인 연구와 실천이 이루어지도록 해야 합니다.

R.E.A.C.H. 사역은 다음과 같은 필요를 충족합니다!

지역 교회의 실제 사역에서 수십 년 동안 개발되고 실천해 왔던 것입니다. 목회자였던 저자는 현재 신학교에서 행정가, 교수, 교회 자문가로 섬기고 있습니다. 저자는 이 전략이 영혼 추수를 위해 사용되는 것을 목도하고 있습니다. 이 전략은 상아탑에 갇혀있는 교회성장 이론이 아닙니다. 사람과 교회를 실제로 변화시키는 실용 모델입니다.

R.E.A.C.H.는 어떻게 일하나?

이 전략은 포괄적인 선교 활동아웃리치과 교회 외부 사역에 중심을 둔 중보기도를 포함합니다.

R.E.A.C.H. 과정에서는 교회 전체 기도와 아웃리치 활동이 52주간의 열린 소모임 사역을 통해 이루어집니다. 이를 통해 모든 회중이 사역에 동참하게 되며, 더 깊은 제자도에 이르게 됩니다.

아웃리치 팀에 있는 모든 등록 교인들은 아웃리치에 속한 활동에 참여합니다. 이렇게 하면 팀원들이 자신들의 일정과 방법에 따라 유연하게 연락을 주고받을 수 있습니다. 다양한 연령대의 가족이 함께 아웃리치에 참여할 수 있습니다. 부모와 자녀가 서로를 섬기며 다른 가족에게 복음을 전하는 가족 단위의 제자도 경험을 독려합니다. 여기에는 여러분의 지역 사회에 영향을 끼치는 교회의 모든 아웃리치나 꿈나무 교실 같은 프로그램이 포함됩니다.

포괄적인 R.E.A.C.H. 기도 전략은 아웃리치 사역과 시너지 효과를 일으키며 힘을 실어줍니다. 기도 사역은 소그룹 모임과 특별 기도 사역을 통해 앞으로 교회에 올 영혼들과, 출석하지 않는 등록 교인, 등록 교인을 위한 집중 중보기도를 하게 됩니다. 이 전략은 전화, 땅 밟기 기도, 기도 제목 수집 등을 통해 교회와 지역 사회의 실제 필요를 알게 됨으로 교회 기도 사역에 새 생명을 불어 넣습니다.

조지아에서 온 어느 목회자가 다음과 같이 고백했습니다. "R.E.A.C.H.가 놀라운 점은 우리 교회의 모든 성도가 아웃리치와 기도 사역에 동참하도록 도왔다는 점입니다. 결과는 놀라웠습니다. 회중은 교회 밖의 문제에도 집중했고, 교회 사역은 더 강해졌으며, 주일 학교와 성경 공부에 지속적으로 새로운 사람들이 들어왔습니다. R.E.A.C.H.는 우리 교회를 새롭게 만들었습니다."

알칸사에서 온 한 목회자도 다음과 같이 알려 왔습니다. "R.E.A.C.H.를 시작한 이래로 우리 주일학교가 다방면에서 33-50% 성장했습니다."

제1단계 기본 R.E.A.C.H. 훈련 컨퍼런스를 경험해 보는 것이 첫 번째 단계입니다. 이 기본 단계는 한 교회 뿐 아니라 복수의 교회를 상대로 시행할 수 있습니다. 총 6시간이 걸리는 훈련입니다. 전반부는 교회의 모든 직원, 소모임 사역 지도자와 소모임 대표들, 그리고 예배 모임 대표들을 위한 훈련입니다. 나머지 시간은 이 전략을 실행하고 담당하는 교회 목회자와 리더십을 위한 훈련입니다.

이 여섯 시간짜리 컨퍼런스가 전체 R.E.A.C.H.로 확장되는 것입니다. 주말 사역도 R.E.A.C.H.와 함께 할 수 있습니다. 주일 아침 예배에 컨퍼런스 지도자에 관한 설교를 하거나 소모임 지도자와 만남을 가질 수 있습니다. 다른 단계는 제1단계 훈련이 끝난 후에 진행합니다.

더 많은 정보를 원하신다면 오늘 연락주세요.

www.needanewnorml.com을 방문하거나 needanewnormal@gmail.com으로 이메일을 주세요.